KB200291

통일을 보는 눈

통일을 보는 눈

왜 통일을 해야 하느냐고 묻는 이들을 위한 통일론

2012년 6월 15일 초판 1쇄
2025년 6월 05일 초판 6쇄

지은이 | 이종석

편 집 | 김희중, 이민재
디자인 | 산들꽃꽂

펴낸이 | 장의덕
펴낸곳 | 도서출판 개마고원
등 록 | 1989년 9월 4일 제2-877호
이메일 | webmaster@kaema.co.kr

ISBN 978-89-5769-131-1
ⓒ이종석, 2012. Printed i n Goyang, Korea.

통일을 보는 눈

왜 통일을 해야 하느냐고
묻는 이들을 위한 통일론

이종석 지음

개마고원

"통일, 왜 해야 되나요?"

통일·북한문제를 연구해온 학자로서 오래전부터 두 가지 소망을 품어왔다. 첫번째는 "통일, 왜 해야 되나요?"라고 묻는 신세대에게 그들의 눈높이에서 그들이 납득할 수 있는 대답을 내놓는 일이었다. 통일을 지상과제로 믿고 살아온 기성세대와 달리 젊은 세대는 '우리는 하나의 민족'이라는 대답에 쉽게 고개를 끄덕이지 않는다. 보다 직접적이고 눈에 보이는 이익과 같은 손에 잡히는 설명이 필요하다. 그렇다고 없는 것을 만들어낼 수는 없다. 그래서 젊은 세대에게 어필하면서 국민 모두가 공감하는 보편적인 새로운 설명 틀을 만들고 싶었다. 이와 함께 통일을 당연한 것으로 여기던 기성세대를 당황하게 한 통일비용 문제나 통일을 소망하는 이들이 꼭 알고 싶어 하는 분단비용 등에 대해서도 나름대로 제대로 된 대답을 내놓고 싶었다.

두번째 소망은 특정한 이념이나 편견을 앞세우지 않고 합리적인 판단을 기준으로 통일·북한문제를 보는 것이 상식처럼 당연하게 되는 날이 오는 것이었다. 우리 사회에는 누군가가 통일문제에 대해 의견을 말하면 그 말이 일리가 있는지 없는지를 가리기보다 '진보인지 보수인지', 혹은 '북한 편인지 아닌지'부터 가리려는 분위기가 널리 퍼져 있다. 그러다 보니 옳고 그름을 가르는 공통의 기준이 있는지조차 의문이 들 정도다. 예를 들면, 어느 전문가가 북한의 새로운 지도자 김정은이 개방적인 통치 스타일을 가졌다고 분석하면 많은 이들이 일단 그를 진보적이거나 친북적인 사람일 것으로 추정부터 한다. 반면에 북한 붕괴가 임박했다고 주장하면 보수적이며 반북적인 인사로 치부하기 십상이다. 그러나 정말 중요한 것은 그들이 주장하는 근거가 설득력을 지녔는지 여부일 게다. 근거도 없는 막무가내식 주장이야 '어느 편'이라고 말을 들어도 싸지만, 나름대로 합리적 근거를 제시하는 경우, 그 주장만 가지고 편 가르기를 해서는 안 된다.

비합리적인 편 가르기는 대북정책에서 잘 나타난다. 북한에 대해 포용정책을 펴야 한다고 주장하는 것만으로 '친북좌파'로 모는 상황이 대표적이다. 조금 극단적인 예가 될지 모르나 인질범의 손에서 인질을 구해야 하는 상황을 가정해보자. 인질을 구하는 방법은 크게 두 가지가 있다. 하나는 기동타격대식으로 현장에 전격 진입하여 인질범들을 일망타진하는 방법이다. 그러나 이 경우 인질의 안전에 문제가 발생할 가능성이 크다. 따라서 다른 하나는 인질범과의 대화와 설득을 통해 문제 해결을 시도하는 것이다. 어느 방법이 더 효과적인지는 상황에 따라 다르겠지만, 어느 누구도 인질범을 설득해보자는 사람들에게 '친인질범파'라고 딱지를 붙이지는 않는다. 그러나 북한과 대화와 협력을 추구해야 한다는 포용정책 지지자들에게 반대편에 있는 사람들은 '친북좌파'라는 비난을 서슴지 않는다. 그러나 사실 포용정책이건 강경정책이건 한반도 평화와 국가번영, 통일이라는 목표를 위한 수단일 뿐이다. 그 수단에 '친북'과 '반북'이 어디 있겠는가? 어느 것이 목표 달성에 더 효과적인가 하는 것이 있을 뿐이다.

합리적인 사고는 나의 행위 기준을 상대방의 유·불리有·不利가 아니라 나의 이익에 놓도록 한다. 거꾸로 비합리적인 사고는 나의 행위 기준을 상대방에서 찾게 한다. 예를 들어, 비합리적인 사고는 북한문제를 자기중심으로 보는 것이 아니라 '나의 적인 북한의 이익 여부'를 기준으로 보게 한다. 불행한 일이다. 상식적으로 우리에게 가장 중요한 것은 북한에게 얼마나 손해이고 이익인지 혹은 북한이 얼마나 도발적이고 야비한지가 아니라 우리에게 얼마나 이익인지 손해인지 혹은 우리 국민의 평화와 안녕에 어느 것이 이익인지를 보는 일인데 말이다. 결국 북한을 위해서가 아니라 나를 위해서, 나를 중심으로 북한을 보자는 얘기다. 이렇게 되기 위해서는 상식의 눈으로 통일과 북한을 보고, 합리적 판단으로 이 분야에서 발생하고 있는 부조리를 직시하는 것이 필요하다.

통일·북한문제에서 유난히 비합리적 요소들이 활개를 치기 때문에, 나는 무엇보다도 진보·보수 이전에 상식과 합리성에 기초해서 이 문제들을 독자들에게 설명하고 싶었다. 통일·외교·안보분야에서 발생한 기존의 쟁점들을 상식과 합리성의 기준을 가지고 다시 들여다봄으로써 우리가 보지 못하고 있는 것들, 편견이나 선입견에 가려서 보지 못해온 것들에 대해 얘기하고 싶었다. 이를 직시하지 않고는 우리 공동체의 발전은 없다고 생각했기 때문이다.

위에서 말한 두 소망을 이 책에 담았다. 첫번째 소망은 내가 논리와 근거자료를 만들면 되는 일이기에, 가급적 독자들이 읽고 쉽게 이해하도록 써보았다. 반면에 두번째 소망은 아직 미실현 상태이므로 그 실현을 위해 지금부터 더 노력해야 하는 과제의 성격을 안고 있다. 그래서 독자들과 숙제를 푸는 심정으로 통일·북한·외교문제를 상식과 합리성의 눈으로 조명해보았다. 상식에 기초해서 합리적으로 통일·북한·외교문제를 본다는 것이 무엇일까? 이 경우 우리는 무엇을 보게 되며, 무슨 잘못을 발견할 수 있을까? 이러한 고민들을 책에 담았다.

또한 그동안 여러 사람들로부터 받았던 질문에 대해 대답한다는 생각으로 이 책을 만들었으며 통일문제를 다루어 오면서 느낀 문제의식도 담았다. 가급적 우리가 술자리나 토론장에서, 혹은 명절 때 늙은 부모와 젊은 자식 사이에 흔히 오가는 대화에서 나올 법한 쟁점을 다루고자 했다. 따라서 기존에 냈던 전문서적들과 달리 난해한 이론적 주장은 삼가고 각주도 달지 않았으며 가급적 쉬운 문체로 쓰려 했다. 워낙 학술논문 중심으로 글쓰기를 해왔던 터라 얼마나 내 뜻대로 되었는지는 솔직히 자신이 없다.

이 책은 그동안 대학과 시민단체 등에서 한 강연, 학술논문, 각종 인터뷰, 신문 칼럼 등을 통해 내놓은 논리나 주장, 그리고 평소 나의 속생각을 하나의 틀로 다듬어서 만들었다. 그러다 보니 분단시대의 지식인으로, 학자로, 정책결정자로 지내면서 때로는 의심에 가득 찬 눈으로 때로는 신기한 듯이 나에게 "너는 누구냐"라고 묻고 싶었던 사람들에게 주는 뒤늦은 대답일 수도 있겠다는 생각이 든다. 나의 학문적 주장과 공직자로서의 정책 수행을 보면서 "무슨 생각으로 그런 주장을 했으며, 그런 정책을 폈는지"에 대한 대답의 성격도 지닌다는 뜻이다.

한편 나의 논의의 출발점은 통일 환경의 변화다. 냉전 해체 이후 지난 20여 년간 우리를 둘러싼 세상이 어떻게 달라졌는지를 제1장에서 다루었는데, 그것이 내가 하는 분석이나 주장의 배경이다. 기후나 토양이 달라지면 의복과 생활수단도 달라질 수밖에 없듯이, 통일 환경의 변화는 우리에게 새로운 접근과 대응을 요구하고 있다. 이를 직시하고 대책을 세워야 미래를 올바르게 개척할 수 있다.

제목을 출판사의 제안에 따라 '통일을 보는 눈'으로 정했다. 통일시대를 준비하기 위해 필요한 안목을 제시한다는 의미에서 정한 제목이다. 실제 책의 내용은 통일과 북한, 그리고 주변국과의 외교 등을 포괄하고 있어서 폭이 넓다. 그러나 이것들은 통일시대로 나아가기 위해 필요한 내용이라는 점에서 제목의 범위 안에 있다고 생각한다.

책 서문을 쓰는 이 시간에도 정치권에서는 색깔논쟁이 한창이다. 아직도 우리 사회에서 시대착오적인 매카시즘 공세를 통해 이득을 보려는 세력이 존재한다는 것이 개탄스럽지만, 그래서 이 책이 필요하다는 확신도 더 갖게 된다. 나는 이 책 제7장을 '북한은 어떤 나라인가'라는 주제로 꾸몄다. 내가 주체사상과 유일체제를 주제로 박사학위 논문을 간행했던 20년 전 이 책을 썼다면 당연히 '주체사상의 나라'라는 항목을 넣었을 것이다. 그러나 이 책에는 그런 항목이 없다. 1990년대 중반부터 대기근과 경제침체를 겪으면서 북한 주민들의 주체사상에 대한 신뢰가 급격히 떨어져 이제는 껍질만 남았다는 판단 때문이다. 나는 1990년대 중반부터 정부에서 공직을 맡기 전인 2002년까지 북한의 실상을 파악하기 위해 북·중 국경지역을 답사하고 수많은 탈북자를 만나 인터뷰를 했다. 그 과정에서 북한주민들의 주체사상에 대한 지식수준이나 신뢰도가 매우 낮다는 사실을 알았다. 북한의 선전매체들은 주체사상을 열심히 선전하지만 최고지도자인 수령이 인민을 제대로 먹여 살리지 못하는 현실에서 이 사상이 지배담론으로서 영향력을 발휘하기는 어려웠을 것이다. 북한 위기의 밑바탕에는 주체사상이 있다. 그래서 북한이 대외개방 등으로 새로운 활력을 찾는다면 주체사상은 그만큼 더 껍데기만 남게 된다. 나는 이미 주체사상에 바탕을 둔 북한은 없다고 생각한다. 그럼에도 불구하고 남한사회에서는 '주사파·종북' 논쟁이 벌어지고 있으니 역사가 냉전시대 속으로 거꾸로 걸어들어가고 있는 느낌이다.

이 책의 구상은 오래전에 이루어졌다. 10여 년 전에 개마고원의 장의덕 대표로부터 일반 대중이 통일·북한문제를 쉽게 이해하고 올바른 관점을 갖는 데 도움을 줄 책을 내자는 제안을 받았다. 나도 그 필요성을 느끼고 있던 터라 우리는 쉽게 의기투합했다. 그러나 나의 게으름과 공직생활 등이 겹치면서 차일피일 미루며 오늘에 이르렀다. 사실 장 대표는 실향민인 연로하신 부친께 제대로 된 통일 교재를 펴내서 드리는 게 소망이었는데 늦게나마 장 대표가 흡족한 기분으로 그 바람을 실현했기를 바란다. 책이 늦어진 덕분에 정부에서 4년간 통일·외교·안보분야를 다루면서 느꼈던 점들을 책에 반영할 수 있게 된 것을 그나마 변명거리로 삼고 싶다.

끝으로 이 책이 우리가 통일·북한문제를 보다 합리적으로

보고 젊은 세대가 통일을 재인식하여 미래의 과제로 삼는 데
도움이 되었으면 한다. 그리고 남북협력과 통일을 위해 현장에
서 분투하면서 그 필요성과 절박성을 사람들에게 설명하고 싶
은데 표현이 서툴러서 답답했던 분들에게 작게나마 도움이 되
었으면 한다.

2012년 6월

求是齋에서 이 종 석

통일을 보는 눈
제1장

세계의 변화, 남북의 변화
– 오늘날의 통일환경

기성세대와 청년세대가 머릿속에 그리는 북한에 대한 상(像)을 좀 무리해서 유형화시키면 어떻게 될까? 아마 기성세대는 북한을 생각하면 먼저 '적화야욕', 즉 공산화 통일 야망을 떠올릴 것이다. 기성세대는 1950년 6월 북한의 남침으로 발발한 한국전쟁을 직접 경험했거나 그 전쟁을 경험한 부모 밑에서 자랐다. 그들은 살면서 빈번하게 휴전선에서 발생하는 북한의 도발이나 간첩선 침투도 목격했다. 그러다 보니 북한이 남한을 공산화할지 모른다는 의구심을 버리지 못한다. 반면에 대부분의 젊은이들에게 북한은 경제위기를 이겨내지 못해 언제 망할지도 모르며 통일비용을 걱정케 하는 존재로 인식된다. 체제위기에 시달리면서도 수시로 대남도발을 일삼기 때문에 불쾌하고 한심한 집단으로 생각한다.

이처럼 북한은 우리에게 세대에 따라 강한 군사력을 지닌 두려운 존재로 비치기도 하고, 혹은 거꾸로 체제유지가 어려워 우

한국전쟁: 1950년 6월 25일 북한의 남침으로 시작되었고 1953년 7월 27일 정전협정이 이뤄지면서 지금까지 정전(停戰) 상태에 있다. 남한과 북한만이 아니라 미국을 포함한 16개국으로 구성된 유엔군과 중공군이 참전한 국제적 규모의 전쟁이었다. 양측을 합하여 200만 명 이상이 사망했고, 수십만 명의 전쟁고아와 미망인이 발생했으며, 80퍼센트의 산업시설, 공공시설, 교통시설이 파괴되는 등 남과 북 모두에 씻을 수 없는 피해를 줬다.

리가 통일비용을 걱정해야 하는 부담스러운 존재로 비치기도 한다. 굳이 세대를 구분해서 그 특징을 나누었지만, 사실 국민 대부분은 북한에 대해 다소 모순되어 보이는 이 두 가지 이미지를 동시에 마음속에 담고 있을 것이다.

북한에 대한 이 두 이미지 중 진실은 어디에 있을까? 지금도 북한은 냉전시대처럼 남한을 공산화할 야욕을 가지고 있을까? 북한이 남한을 공산화할 능력을 가지고 있을까? 거꾸로 북한경제가 위기에 처해 있다는데 그 위기로 북한체제가 붕괴될 가능성은 있나? 이러한 물음은 학교 강의실에서도 술자리에서도 빈번하게 제기된다. 사실 이에 대한 대답은 우리가 북한이나 통일문제를 이해하고 올바른 북한의 이미지를 정립하는 데 꼭 필요하다. 뿐만 아니라 정부가 제대로 된 대북정책을 수립하기 위한 기본 전제이기도 하다. 그러나 이 질문들에 단순히 '예스'와 '노'로 대답하는 것은 의미가 없다. '예스'건 '노'건 대답 자체가 중요한 게 아니라, 그렇게 대답하는 이유를 아는 것이 중요하다. 거꾸로 말하면, 그 이유를 알면 답은 저절로 나온다. 여기서는 바로 그 이유를 먼저 설명하려고 한다.

무엇보다도 우리가 북한과 대결하며 살아온 세상이 달라졌다. 오늘날 남북관계에 영향을 미치는 주변 환경이 크게 달라졌다. 즉, 통일환경이 크게 변화했다. 통일환경이란 남북관계를 둘러싸고 영향을 미치는 여러 요소들을 일컫는데 북한의 정세, 남북한의 체제역량 차이, 동북아 정세, 남북한과 국제사회와의 관계 등이 여기에 속한다. 냉전시기에는 분단과 전쟁 속에서 남북관계가 적대적 대결구도로 고착되었으며 한반도는 이러한 대결적인 남북관계에 걸맞는 통일환경에 놓여 있었다. 그러나 이러한 통일환경은 냉전 해체가 본격화되는 1990년대 이후 크게 변화했다. 바로 이 변화를 정확히 읽어낸다면 앞에서 던진 물음들에 쉽게 대답할 수 있을 것이다.

사회주의 붕괴와 북한경제 위기

현대는 사회주의 진영이 사라지고 각국이 시장경제에 기초해서 이념·제도·문화의 차이를 넘어 교류하는 새로운 국제협력의 시대다. 1980년대 말부터 불어 닥친 소련을 비롯한 동유럽 사회주의 국가들의 몰락은 20세기를 풍미했던 자본주의에 대항한 거대한 '진영'으로서 사회주의를 종식시켰다. 이로 인해 제2차 세계대전 이후 시작된 냉전이 해소되기 시작했으며 이념적 기준에 따라 대결하고 반목하는 시대가 막을 내렸다. 아직도 중국과 같은 일부 나라가 사회주의의 깃발을 들고 있으나, 이들도 이념적·군사적 대결에서 벗어나 미국·일본·유럽연합 등 자본주의 국가들과 적극적인 경제협력과 외교적 화해를 추구하고 있다. 이 나라들은 정치적으로는 공산당 독재를 유지하면서도 경제적으로는 중앙집권적인 사회주의계획경제를 수정하여 시장경제로 이행해왔다.

　북한 입장에서 볼 때, 사회주의 진영의 몰락은 군사적으로 대남공세를 취할 수 있는 국제환경이 무너졌음을 뜻한다. 한국전쟁 당시, 북한의 군사력은 남한을 압도했다. 그러면서도 전쟁을 일으키기 위해서는 소련과 중국의 지원이 추가로 필요했다. 김일성은 1950년에 모스크바와 베이징을 방문하여 소련의 지도자 스탈린*과 중국의 지도자 마오쩌둥*으로부터 전쟁 허락과 함께 군사적 지원을 약속받은 뒤에야 남침을 개시할 수 있었다.

　그러나 지금 소련은 망해서 자본주의로 전환한 러시아로 바뀌었으며 중국도 미국, 한국과 매년 수천억 달러 규모로 교역하고 수백만 명이 오가는 시장경제 국가로 바뀌었다. 중국은 북한과 우호관계를 지속하고 있으나 동아시아의 정세안정이 자국 경제발전을 위한 핵심적 조건이라고 보기 때문에 북한의 사소한 대남도발조차도 반대하고 있다. 지금 북한이 남한을 무력으로 공격하려 할 경우 이를 지지하고 도와줄 나라는 어디에도 없다. 반면에 북한의 공격에 대비한 한미동맹은 변함없이 막강하다. 거칠게 말하면 사회주의의 붕괴로 인해, 북한정권이 스스로 망할 결심을 하지 않는 한 전면적인 남침은 불가능한 시대가 되었다.

　이와 함께 1980년대까지만 해도 자립 경제를 이루었다고 자랑하며 '쌀밥에 고깃국'을 먹고 산다고 큰소리치던 북한경제가 극심한 침체로 위기에 봉착했다. 오늘날 북한은 주민들의 일반

스탈린: 레닌 등과 함께 러시아 사회주의혁명을 이끈 정치가로, 1929년부터 1953년까지 소비에트 연방(소련)의 국가 원수를 역임했다. 제2차 세계대전 이후에는 김일성을 북한의 지도자로 낙점하고 후원했다. 원래는 김일성의 남한 침공을 반대하면서 48회나 거절했지만, 거듭된 요청으로 승낙했다고 한다. 정치적 적수를 숙청하고 자유를 탄압한 독재자로 악명이 높다.

마오쩌둥: 중국 공산당을 이끌며 제국주의 일본에 맞서 중국을 해방시키고 현재의 중국(중화인민공화국)를 세운 혁명가·정치가. 한국전쟁 당시 유엔군이 압록강 근처까지 진군해오자 대규모의 중공군('중국인민지원군')을 참전시켜 다시 38선 이남으로 밀어냈다. 아들 마오안잉이 한국전쟁에 참전하여 전사하기도 했다. 중국을 강대국으로 만든 지도자로 추앙받지만, 대약진운동의 실패와 말년에 권력을 다시 장악하기 위한 문화대혁명으로 많은 사람을 죽음으로 몰아넣은 독재자로 여겨지기도 한다.

제1장
세계의 변화,
남북의 변화
－ 오늘날의 통일환경

복지는 고사하고 하루 세 끼 연명하는 것도 어려울 만큼 극심한 식량난에 처해 있다. 이런 상황은 꽤 오래됐다.

2000년 6월 김대중 대통령과 김정일 국방위원장이 평양에서 만난 남북정상회담 때의 일이다. 6월 14일 저녁 김대중 대통령의 초청으로 남북 합동 만찬이 있었다. 각각의 원탁 테이블에 7~8명의 남북한 인사들이 지정된 자리에 섞여 앉았는데, 대통령특별수행원으로 참석한 남측의 한 인사가 북한 사람들 사이에 앉았다. 그는 같은 테이블에 앉은 북측 사람들과 초면인지라 먼저 왼쪽 자리에 앉은 원산인민경제대학 총장과 반갑게 인사를 나누고 나서 오른쪽에 앉아 있는 사람을 향해 고개를 돌렸다. 상대방이 너무 마르고 수척해 보여서 조심스럽게 자신의 이름을 말하며 악수를 청했다. 그런데 뜻밖에도 그는 아주 반갑게 이 남측 인사의 손을 잡더니 1997년 여름 베이징에서 열린 남북학술회의에서 만났었는데 자기를 모르겠느냐고 물었다. 그 순간 남측 인사도 그를 알아보고 깜짝 놀라 자신도 모르게 "아니 선생님 어쩌다가 이렇게 수척해지셨어요?"라는 말이 튀어나왔다. 북한 주민들이 극심한 식량난으로 굶주리고 있다는 것은 알고 있었지만, 남북정상회담 만찬에 초대될 정도의 지위를 가진 노동당 간부가 설마 피골이 상접할 정도로 굶주렸으리라고는 상상할 수 없었기에 자연스럽게 나온 말이었다. 북한 인사는 대답하지 않았다. 만찬이 무르익어 주변이 어수선해지자 그는 조심스럽게 주의를 살피더니 남측 인사의 귓가에 속삭였다.

"배곯았지 뭐."

이처럼 북한의 경제난은 심각한 상태에 있다. 1990년대에 들어서면서 북한경제는 내부에서 가용할 수 있는 자원의 고갈로 인해 심각한 침체국면에 빠져 들었다. 에너지 부족과 원자재 부족으로 대부분의 공장이 가동을 멈추거나 조업이 부분적으로 이루어졌다. 국내총생산 개념으로 볼 때 북한경제는 1990년대 내내 연속 마이너스 성장을 기록하며 규모가 크게 위축되었으며 2000년대 이후에도 아주 미미한 성장세를 보이며 경제난에서 빠져 나오지 못하고 있다. 북한의 경제위기는 주민 생존의 최소 조건인 식량수급에 심각한 장애를 일으켰다. 식량위기는 1995년과 1996년에 연속 수재를 당하면서 극심해졌으며 1990년대 말에는 최소한 수십만 명이 굶어죽는 사태까지 발생했다. 배고픔을 이기지 못해 압록강과 두만강을 넘는 탈북자*가 대량으로 발생했다. 최근에는 아사자가 발생하는 지경에서 어느 정도 벗어났으나 주민 대부분은 여전히 절대빈곤에서 벗어나지 못하고 있다.

북한경제가 심각한 위기에 빠진 데는 여러 요인들이 복합적으로 작용했다. 먼저 사회주의적 소유방식과 그에 기초한 중앙집권적 계획경제가 지닌 문제점이 드러났다. 사회주의적 소유방식이란 생산수단인 토지와 공장 등을 개인이 갖지 못하고 국가나 협동단체가 소유하는 것이다. 이는 가진 자와 못 가진 자로 나뉘는 계급의 발생을 막고 사람들을 사회주의적 생활양식에서

탈북자: 북한을 이탈한 주민을 가리키는 말이다. 초기에는 주로 정치적인 이유로 북한을 떠났지만, 1990년대 이후 북한의 경제난이 심각해지면서 살 길을 찾아 북한을 떠나는 주민이 크게 늘었다. 남한으로 온 북한이탈주민의 수는 2010년에 2만 명을 넘어섰다.

살게 하기 위한 정책이었지만, 결과적으로 남보다 많은 돈을 벌고 남보다 나은 생활을 위해 일하게 만들 인센티브를 없앰으로써 사람들을 수동적으로 움직이는 존재로 만들었다. 중앙집권적 계획경제는 중앙에서 수백만, 수천만 가지에 이르는 상품의 수급을 모두 원활하게 조정한다는 것이 현실적으로 어렵다는 점과 중앙에서 모든 부문을 조정하는 데 필요한 정보를 모으는 것도 불가능하다는 데서 심각한 문제를 드러냈다. 그로 인해서 한 부문에서 생산 부족이 발생하면 그에 따라 산업별로 병목현상이 나타나고 이것이 궁극적으로 전체 체계로 확산되었다.

북한체제의 특징인 유일체제가 빚은 자원배분의 왜곡과 불균형도 북한경제 침체에 한몫을 했다. 제7장에서 자세히 살펴보겠지만 유일체제란 절대권력을 지닌 최고지도자를 중심으로 전체사회가 하나처럼 움직이는 북한체제의 특징을 나타낸 말이다. 유일체제에서는 경제의 합리성이 체제의 유지·강화라는 정치적 목표에 종속된다. 다시 말해, 경제 논리가 정치 논리에 지배당했으며 그 결과 경제의 저발전과 침체가 발생했다. 심각한 경제난 속에서도 국가예산 비율 중 절대우위를 차지하는 국방비 예산이 줄지 않는 것도 경제 침체를 심화시켰다.

여기에 사회주의권 붕괴로 인해 그동안 북한경제가 맺었던 무역관계가 대부분 단절된 것도 한몫을 했다. 사회주의 진영이 몰락하면서 사회주의 나라들끼리 교역을 하던 사회주의 국제시장도 지구상에서 사라졌다. 사회주의 국제시장은 자본주의 시장경제체제와는 달리 부유하거나 강대한 사회주의 국가가 약소 사회주의 국가들에 대해 시장가격보다 훨씬 싼값으로 물건을 팔거나 물물거래를 하는 방식으로 가난한 나라들을 원조하는 기능을 가지고 있었다. 북한도 이 체제 아래서 소련 등으로부터 상당한 경제원조를 받을 수 있었다. 그러나 이제는 북한에게 그런 우호적인 집단은 존재하지 않는다. 특히 소련으로부터 공급되던 원유와 식량지원의 단절은 북한경제에 막대한 타격을 입혔다. 이처럼 1990년대부터 북한경제는 내부모순과 외부적 제약 요인이 중첩되면서 심각한 침체국면에 빠져들었다.

'곳간에서 인심난다'는 말이 있다. 국가경제라는 곳간이 비면서 북한체제가 존립의 기로에 서게 되었다. 근본적으로 위기가 경제시스템의 문제에서 발생해서 지금은 내부자원이 고갈된 상태에 처했기 때문에 이를 임시방편으로 해결할 길은 없어 보인다. 근본적으로 경제의 개혁과 개방을 통해서만 해결할 수 있으며, 외부로부터 도움을 받지 않는 한 극복하기 어렵다.

내부에서는 자체적으로 먹고살 자원이 고갈되었으니, 외부세계에 지원을 요청해야 하는 것은 당연하다. 그런데 바깥세계는 북한이 그동안 추구해온 사회주의경제와는 전혀 다른 시장경제뿐이다. 냉전시대라면 사회주의 진영 안에 있는 소련·중국·동유럽 국가 등 여러 나라에 지원을 요청할 수 있겠지만 이제 그런 사회주의 진영은 없다. 북한을 지원할 수 있는 나라는 개혁개방을 통해 시장경제를 발전시켜온 중국과, 그동안 적대국가였던 미국, 일본 등 서방 자본주의 국가들과 남한이다. 결국 북한은 생존과 발전을 위해 시장경제를 하는 나라들에 지원과 협력을 요청할 수밖에 없는 상황에 몰린 것이다.

남북한의 압도적인 역량차

1970년대 초반까지만 해도 북한은 남한에 비해 우세한 경제력을 지녔다. 1960년대 초반에는 북한 선전매체들이 '도탄에 빠진' 남한경제를 복구하기 위해서는 '북남합작'이 필요하다고 주장할 정도였다. 그러나 남한의 경제개발 전략이 성과를 거두면서 1970년대 중반을 고비로 남북한간의 경제력은 역전됐으며, 이후 남한의 고도성장과 북한의 연속적인 마이너스 성장이 교차하면서 그 차이가 크게 벌어졌다. 지금 남과 북의 경제력 차이는 통계상의 수치 비교가 무의미할 정도로 현격하게 벌어져 있다.

 남북한의 경제력 격차를 단적으로 보여주는 것이 국민총소득(Gross National Income, 이하 GNI) 비교인데, 한국은행 발표에 따르면 2010년 12월 말 현재 남한의 1인당 GNI는 2만759달러로서 북한의 1074달러의 19.3배에 달한다. 남한이 북한보다 인구가 2배 이상이라 GNI는 39배다. 매우 큰 차이라고 할 수 있다. 그러나 이것조차 축소된 수치이며 실제 남북한의 경제력 격차

는 80대 1 정도로 추정된다.(☞ 제6장 참조)

남북한간에 이처럼 국민소득의 격차가 크다는 것은 경제 전 분야에서 남북한의 격차가 엄청나다는 것을 의미한다. 2010년 기준으로 통계청이 발표한 남북한 주요 경제지표를 보면 우선 인구 면에서 남한은 4940만 명으로 2418만 명인 북한의 2배다. 발전 전력량은 남한이 북한의 20배이고, 원유 도입량은 226배 이며, 자동차 생산량은 970배에 달한다. 항만 하역 능력은 남한 이 북한의 22배이고, 선박 보유 톤수는 18배이며, 철강(조강) 생 산량은 46배에 달한다. 뿐만 아니다. 남녀의 기대수명은 남한이 각각 84.1세, 77.2세인 데 비해 북한은 71.7세, 64.9세에 불과하 다. 남북한의 기대수명이 12세 이상 차이나는 것이다.

이처럼 남북한의 경제력 차이는 엄청나다. 북한이 남한을 '거 지가 우글거리는 미국의 식민지' 정도로 얕잡아 보고 '남조선을 해방해야 한다'고 소리 높여 외쳤던 시대가 정말 있었는지가 상 상이 되지 않을 만큼 남북한 간의 경제역량이 극적으로 역전된 것이다.

경제력뿐만이 아니다. 국민 하나하나가 지닌 주권재민主權在民 의식과 사회적인 역동성 차이도 너무 크다. 남한은 수차례의 국 민 혁명을 통해 민주주의를 성취해온 나라다. 반면에 북한은 3 대 세습과 독재 아래서 사회적 역동성이 거의 사라진 나라다. 총체적으로 볼 때 남북간 체제역량 격차는 비교할 수 없이 크 다. 이러한 체제역량의 격차는 이제 더 이상 6·25때처럼 북한이 남한을 공격하거나 1960년대처럼 남한을 적화하기 위해 공작할 수 없다는 것을 뜻한다. 오히려 북한이 남한에 흡수통일을 당할까봐 걱정하는 것이 객관적인 현실이다. 상황이 이렇다 보니 남북통일을 주도하는 세력이 변화하고 있다. 즉, 남북한 간에 발생한 커다란 역량 격차와 북한의 열악한 경제력, 그리고 사회주의 붕괴라는 국제환경의 변화로 인해 남한이 통일의 주도자가 될 수 있는 여건이 마련된 것이다.

그러나 이와 같은 객관적인 상황과 달리 우리는 남북관계에서 아직도 북한의 남침이나 적화야욕을 걱정하며 전전긍긍해 한다. 북한과 비교 불가능할 정도로 우월한 경제력을 보유하고 압도적으로 많은 국방비를 지출하는 만큼 그 강점들을 활용하여 의연하고 유연하게 주도적으로 남북관계를 이끌어가야 정상이다. 그런데도 우리는 아직도 북한 공포증에 사로잡혀 북한을 두려워하며 도토리키재기 식의 앙갚음tit-for-tat게임에서 벗어나지 못한 채 매사를 북한과 티격태격하며 싸우고 있다.

중국에 점점 의존하는 한국경제

한반도를 둘러싼 통일환경을 근본적으로 변화시킨 것은 사회주의 진영의 몰락과 북한체제의 위기, 남북한 역량 격차의 심화였다. 이러한 현상들은 1980년대 말부터 나타나기 시작해서 시간이 지날수록 더욱 분명해졌다. 그런데 2000년대 들어와서 또 다른 측면에서 한반도 통일과 우리의 미래에 영향을 미치는 정세 변화가 진행되었다. 중국과 남북한의 관계 변화가 그것이다. 한국과 중국 간에 무역 규모가 커지는 가운데 상대적으로 한국경제의 중국 의존이 심화되었으며, 북한과 중국 간에는 동맹관계가 상당 부분 복원되었다. 여기서 한중 경제관계의 변화를 살펴보자.

한국과 중국 간에는 1992년 8월 외교관계를 수립한 이래 빠른 속도로 인적·물적 교류가 증가했으며, 이것이 양국관계의 발전에 동력이 되었다. 양국은 교역이 늘어나면서 각각 자국 경제발전에 상당한 도움을 받았다. 이렇듯 양국이 호혜적으로 발전하는 것은 동북아 평화와 공동번영을 위해서 매우 바람직한 일이다. 그러나 문제는 한중 경제관계가 확장·발전하는 과정에서 한국경제의 중국에 대한 의존도가 빠른 속도로 심화되고 있다는 점이다.

〈표1〉은 중국이 자본주의 국가들과 본격적으로 교역을 하기 시작한 1990년대부터 한국의 대중, 대미, 대일 무역의 변화 추세를 비교한 것이다.

이 표가 보여주듯이 한중간 무역 규모는 1990년에 전체 우리 무역의 2% 정도였으며 수출의존도는 0.9%에 불과했다. 그러나 20년 후인 2010년에 한국의 중국에 대한 수출의존도는 25%에 달해 미국·일본·유럽에 대한 수출을 합한 규모보다도 컸다.

표1 | 한국의 중국, 미국, 일본에 대한 수출비중 추이

국가별 수출입	연도	1990	1995	2000	2005	2010	수출입액
수출	미국	29.7%	19.3%	21.8%	14.5%	10.7%	498억 달러
	일본	19.4%	13.6%	11.8%	8.4%	6%	281억 달러
	중국	0.9%	7.3%	10.7%(4.5%)	21.8%(4.6%)	25%(4.4%)	1168억 달러
수입	미국	24.2%	25.4%	18.2%	11.7%	9.5%	404억 달러
	일본	26.5%	24.1%	19.8%	18.5%	15.1%	643억 달러
	중국	3.1%	5.5%	7.9%(10.3%)	14.8%(11.6%)	16.8%(10%)	716억 달러

* 괄호 안의 내용은 중국의 전체 수출입 대비 대한국 수출입 비중

최근 10년 사이의 변화를 따져보아도 2000년에는 한국의 대중 수출이 대미 수출의 절반에 불과했으나 2010년에는 거꾸로 2.5배에 달했다. 2010년 기준으로 대중 무역흑자는 한국의 전체 무역흑자보다도 많았다. 한국은 대부분의 무역흑자를 중국과의 거래에서 얻고 있는 것이다. 이처럼 우리는 중국이 한국경제의 압도적인 최대 교역 파트너가 된 시대에 살고 있다. 달리 말하면 한국경제가 그만큼 중국경제에 크게 영향을 받는 시대에 살고 있다는 뜻이다.

그런데 문제는 여기에서 끝나지 않는다. 표를 자세히 보면 한

중간 교역이 구조적으로 불균형하다는 것을 알 수 있다. 중국은 우리의 최대 수출시장인 반면, 중국에게 한국은 5번째 수출시장에 불과하다. 지난 10년간 중국의 한국에 대한 수출비중은 전체 수출의 4.5% 안팎에 머물렀다. 한국의 대중 수출 비중 25%에 비하면 6분의 1정도밖에 안 되는 수치다. 이 불균형은 한중경제가 상대방에 대해 서로 비슷한 영향력을 지니고 있는 것이 아니라 한국경제가 중국경제에 대해 일방적으로 취약한 상태에 놓여 있음을 뜻한다.

한마디로 오늘날 한국경제를 가장 크게 좌우할 상대방 국가는 미국이 아니라 중국이다. 우리는 교역상대국이 불공정행위를 했다고 판단될 경우 무차별 보복을 할 수 있도록 한 미국의 슈퍼301조*가 두려워 한국경제가 공포에 떨던 시대를 기억한다. 1990년대 초반이었으며 그때 한국의 대미 수출의존도는 20%대 중반이었다. 그런데 현재 한국경제의 중국 의존도가 그때에 버금가고 있으며, 이 비중은 당시 대미 수출의존도 추세와는 달리 오히려 증가하고 있다. 과거 미국경제가 기침을 하면 한국경제에 몸살이 든다는 말이 유행했었는데, 이제는 중국경제가 기침을 하면 한국경제에 골병이 드는 시대가 올지 모른다.

한국경제의 중국 의존도 심화와 교역의 불균형은 경제 분야를 넘어서서 정치·안보 분야 등에서도 우리나라를 중국의 영향을 민감하게 받는 국가로 만들고 있다. 실제로 한중 경제관계의 변화는 한국의 대외전략에도 커다란 영향을 미치고 있다.

슈퍼301조: 1988년 제정된 미국 무역종합법에 의해 신설된 것으로, 교역대상국이 불공정한 무역을 했다고 판단하면 차별적인 무역보복을 할 수 있게 해주는 조항이다. 교역대상국에 높은 수준의 보복 관세를 추가 적용해 무역에 지장을 주거나, 수입금지 조치를 내리기도 한다. 원래는 1989년부터 1990년까지 한시적으로 운영되었으나, 그 후에도 행정명령 형식으로 여러 차례 발동되었다.

단순한 비교지만 한국의 최대 무역상대국이 미국에서 중국으로 바뀌었다는 사실은 우리의 대외전략도 변화해야 한다는 것을 의미한다. 현대사회에서 경제적 이익이 큰 곳에 안보적 이해가 집중되는 것은 당연한 추세다. 이는 한국 외교안보가 기존의 한미동맹 일변도에서 벗어나 한중협력을 포함한 동북아 다자협력을 균형 있게 추구해나가야 함을 일러주고 있다.

한국 입장에서는 중국경제에 대한 비정상적인 의존을 바로잡을 방법을 찾든지, 아니면 중국과 보다 공고한 협력이 가능한 새로운 대외전략구조를 짜든지 할 수밖에 없는 상황이다. 그런데 우리가 한중 경제관계의 구조적 취약성을 당장 극복할 방법은 마땅히 없다. 그렇다면 좋으나 싫으나 기존의 한미동맹과 새로운 한중협력을 조화롭게 추구하는 동북아 다자협력의 구도를 짜는 데 적극적이며 주도적으로 나서야 한다. 이 문제가 우리에게 보수와 진보를 넘어서 생존의 문제로 제기되고 있는 것이다.

심상치 않은 북한-중국 관계

중국은 냉전 해체 이후 북한과의 관계에서 기존의 동맹관계를 약화시키고 실용적인 협력관계로 전환시키는 데 주력해왔다. 그 상징적인 조치가 한중수교였다. 중국은 북한의 격렬한 반대에도 불구하고 한중수교를 단행했다. 북핵문제에서도 북한 핵을 포기시키기 위해 미국과 협력하여 때때로 북한에 대한 경제적 압박을 마다하지 않았다. 그러나 2009년 가을부터 이러한 북중관계에 근본적인 변화가 발생했다.

북한은 2006년 10월에 이어, 2009년 5월 2차 핵실험을 강행했다. 이에 미국이 주도하는 국제사회는 북한을 응징하기 위해 유엔 안전보장이사회*에서 대북군사협력 및 경제협력 등을 통제하는 제재결의 1874호를 통과시켰다. 중국도 여기에 동참했다. 그러나 중국 지도부는 대북제재에 동참하면서도 한편으로 자신의 대북정책이 바람직한지를 놓고 고민했다. 즉, 북한문제를 두고 미국 등 서방이 주도하는 대북 압박대열에 계속 참여할 것인지 아니면 북한과의 전통적 우호관계를 발전시킬지를 두고 고민한 것이다. 그 결과 2009년 여름에 후자의 길을 택하기로 결정하고 북중간 전통적인 동맹관계를 상당부분 회복시키는 방향으로 정책을 바꾸었다.

중국의 대북정책 변화는 북한이 지닌 전략적 중요성을 중국이 재평가했음을 뜻한다. 중국은 미국 등 서방이 만들고 싶어하는 북한의 미래와 중국의 희망사항이 다르다는 점을 분명히 했다. 서방은 북한에 김정은 세습독재정권이 교체되어 민주적인 정권이 들어서고 이 나라가 시장경제와 민주주의의 과정을 거치기를 바란다. 그러나 중국은 자기처럼 공산당 독재가 유지되면서 사회주의의 깃발을 포기하지 않는 북한을 원한다. 중국

유엔 안전보장이사회: 유엔에서 가장 중요한 결정을 내리는 핵심 기구. 5개국의 상임이사국과 10개국의 비상임이사국으로 구성되며 안건은 상임이사국이 한 표씩 행사하여 결정하지만, 상임이사국에는 거부권이 있어서 전원 일치가 아니면 통과되지 않는다. 원래는 미국·러시아·프랑스·영국·대만이었으나 1971년부터 대만이 빠지고 중국이 대표가 됐다.

도 북한이 개혁개방을 추진하고 현재의 유일체제보다 민주화된 정치구조를 갖기를 바라지만, 보다 근본적인 이익은 공산당 통치의 북한을 유지하는 것이다. 따라서 북한의 현 지도부가 안정적으로 국정을 운영하며 개혁개방 정책을 추진해나가기를 희망한다.

중국의 전략이 서방과 확실하게 달라지자, 북중관계에 그 효과가 금방 나타나기 시작했다. 중국 지도부가 북한과의 전통적인 우호관계를 강화하겠다고 결정한 후 2009년 10월 원자바오 중국 국무원 총리가 평양을 방문하여 탈냉전 이후 가장 광범위한 북중간 경제협력 협정들을 체결했다. 북한의 지도자 김정일도 2010~2011년에 세 차례나 중국을 방문하며 중국 지도부와의 회동을 통해 김정은 후계체제에 대한 중국의 지지를 확보하고 중국과 대규모 경제협력을 합의했다.

이러한 양국의 새로운 관계는 2010년 이후 급격히 증대한 교역규모가 단적으로 말해준다.

〈표2〉가 보여주듯이 유엔 대북제재결의 1874호가 발효된 2009년에는 매년 10~20%씩 성장하던 북한의 대외교역이 오히려 10% 이상 감소했다. 북중 교역도 감소했다. 그러나 중국의 대북정책 전환이 결정된 이듬해부터 북중 교역이 급격히 늘어나서 2010년에는 30%, 2011년에는 62.5%가 증가했다. 2011년에 이르러서 북중 교역 규모는 유엔의 대북제재 결의가 있기 전해인 2008년의 대외교역 총규모와 맞먹을 정도로 커졌다. 북

표2 | 북한의 대외교역 추이

연도 분류	2006년	2007년	2008년	2009년	2010년	2011년
중국과 교역	17	19.7	27.9	26.8	34.7	56.3 (수입31.3/수출24.7)
남한과 교역	13.5	18	18.2	16.8	19.1	17.1
기타 교역	12.9	9.7	10.3	6.9	7	6.9
교역 총액	43.4	47.4	56.4	50.5	60.8	80.3

단위: 억 달러

한의 대중국 수출도 크게 증가해서 2011년에는 24억7000만 달러에 달했으며 그 중 70%가 석탄·철광 등 광물 수출이었다. 그동안 북중 교역은 중국의 대북한 수출이 압도적으로 많아 북한이 막대한 무역역조를 겪었다. 하지만 2009년 여름 이후 북중 교역은 북한의 지하자원이 대거 중국으로 수출되면서 점차 상호 비교우위에 따른 교역의 균형을 찾아가고 있다.

이처럼 북중 교역이 크게 늘어나면서 북한의 핵실험을 규탄하고 이를 제재하기 위해 발동한 유엔 대북제재 1874호의 효력이 사실상 소멸되었다. 유엔의 대북 경제제재로 인해 경제가 휘청거리며 북한이 커다란 고통을 받아야 함에도 불구하고 북중 교역의 증대가 이를 가로막은 것이다.

그런데 북중 경제협력 강화는 단순히 교역의 급격한 증가 정

도로 끝나지 않았다. 양국은 훨씬 더 구조적인 밀착관계로 나아가고 있다. 북한에 두 개의 경제특구를 공동개발하기로 한 것이 대표적인 예다. 김정일 국방위원장과 후진타오 국가주석은 2010년에 함경북도 동해안의 항구도시인 나선(옛 나진선봉)과 압록강 하류의 북한 섬인 황금평·위화도에 양국이 함께 경제특구를 만들기로 합의했으며, 이에 기초하여 2011년 6월에 착공식을 치르고 본격적으로 개발에 착수했다.

북중간 경제특구의 공동개발은 양국 경제관계가 일방적인 지원-수혜 관계에서 벗어나 공동이익 창출 모형으로 나아가고 있

북, 중국에 신의주 공동개발 등 '전면 경제 개방' 약속

북한은 2010년도경부터 중국과 경제협력을 강화하고 있다. 국경 도시를 경제특구로 공동개발하는 등 두 나라는 점차 긴밀한 관계가 되고 있다.(경향신문, 2011. 5. 27)

음을 보여준다. 즉, 북한은 공동 경제특구 개발을 통해 경제회생의 발판을 마련하려 하며 중국은 북한의 경제개발을 돕는 대신에 북한의 값싼 노동력과 지하자원을 활용하려 하는 것이다. 이 밖에도 중국은 항구도시인 나선을 통해 바다를 끼고 있지 않은 중국 동북지방의 대외 수송로 확보를 꾀하고 있다. 이처럼 북중 양국은 과거와 달리 서로 이익을 보는 경제관계를 만들어가고 있는데 중국정부는 이를 윈윈win-win 관계라고 부르고 있다.

한편 북중관계의 변화는 미국과 남한의 대북정책에도 커다란 영향을 미치고 있다. 무엇보다 당장 북핵문제에서 그렇다. 앞서 봤듯 이제는 중국이 동의하지 않는 한 서방이 북한에 가하는 경제제재가 효력을 거둘 수 없는 상황이 되었다. 현재 중국은 북한 핵 포기를 공식적인 외교 목표로 삼고 있는 데는 변

제1장
세계의 변화,
남북의 변화
– 오늘날의 통일환경

함이 없으나, 이를 위해 대북 경제제재를 가하는 데는 반대하고 있다. 앞으로 중국정부의 지원 아래 중국기업이 북한에 투자를 많이 하면 할수록 서방의 대북 경제제재는 더욱 더 중국의 국익을 거스르게 될 것이다. 이는 중국이 동참하는 대북 경제제재를 실현시키기가 그만큼 어려워진다는 뜻이다. 결국 중국이 동참하지 않는 대북제재가 성공하기란 사실상 불가능하다는 점에서, 한국과 미국 등 서방이 북한에 대한 압박수단으로 경제제재를 채택한다 해도 효과가 없는 시대로 접어든 것이다.

북중관계의 변화는 남북관계에도 커다란 영향을 미치고 있다. 무엇보다도 만약 남한정부가 북한이 핵을 포기하지 않으면 남북관계를 진전시키기 어렵다는 입장을 고수하게 되면, 바라던 성과를 얻지 못한 채 남북관계만 악화시키는 상황에 처할 가능성이 높아졌다. 남한정부가 북한 핵개발에 대한 응징으로 남북경협을 통제해도, 북한기업들은 중국과의 경제협력 증대를 통해 남북경협의 축소로 인해 발생하는 문제점을 보완할 수 있기 때문이다. 뿐만 아니라 북한의 '버르장머리를 고치겠다'며 남북관계를 단절하거나 통제해도 효과는 보지 못하고 남북관계의 악화와 북한의 중국 의존만 심화시키는 형국이 됐다. 실제로 2010년 천안함 사태 직후 가해진 대북 경제제재 조치인 '5·24조치'는 북한에 고통을 주기보다는 남한의 대북교역업체를 도산시키고 북중 교역만 증대시키는 결과를 가져왔다.

통일전략의 차원에서 볼 때 문제는 더욱 심각하다. 미래에 통일공동체를 꿈꾸는 한국으로서는 그 실현을 위해 최소한 북중 경협의 증대만큼 남북경협이 발전하는 것이 필수적이다. 즉, 북중경협과 남북경협의 균형 있게 발전해야 한다. 그래야 남한이 통일논의를 주도할 역량을 갖는다. 그렇지 못하고 북한경제의 일방적인 중국 의존이 심화된다면 우리는 남북 평화와 공동번영을 통한 통일시대를 열어가는 데 심각한 어려움에 처할 수 있다.

통일환경의 변화에 어떻게 대응해야 하나?

지금까지 살펴본 것처럼 1990년대 이후 통일환경은 두 단계에 걸쳐서 변화해왔다. 1단계 변화는 사회주의 진영의 몰락과 북한경제의 위기 봉착, 그리고 남북한 경제력 격차의 심화였다. 이러한 변화를 경험하면서 우리는 북한이 남한에 대해 '적화야욕'을 가지고 있다 하더라도 그것을 실현할 능력을 상실했음을 알게 됐다. 오늘도 남북한은 서로 티격태격 다투고 있지만, 실상은 남한이 북한과 비교조차 불가능할 정도의 압도적인 경제력과 체제역량, 그리고 대외환경을 가지고 있다는 것도 확인했다. 한마디로 이 정도의 우월한 자원과 환경을 보유하고 있다면 남한이 의연하게 북한을 포용하고 남북관계를 개선하며 통일을 주도해야 하는 것은 당연하다고 할 수 있다.

통일환경의 2단계 변화는 중국이 성장하면서 중국과 남북한과의 관계가 달라진 것이었다. 중국은 우리가 의식하지 못하는 사이에 어느덧 미국을 제치고 우리의 삶에 가장 영향을 많이 미치는 나라로 자리 잡아가고 있다. 아직도 적지 않은 사람들이 한중간 갈등도 '한미동맹만 잘하면 해결할 수 있다'는 동맹 지상주의에 빠져 있지만, 이미 '안보는 미국과, 경제는 중국과 함께'라는 말이 나올 만큼 우리 사회에서 중국의 영향력은 커지고 있다. 물론 앞에서 설명했듯이 상대방과 경제관계가 크면 그만큼 안보적으로도 중요한 나라가 되는 것이 현실이기 때문에 '안보 따로 경제 따로'의 정책을 구사한다는 것은 사실상 불가능하다. 그래서 전통적인 한미동맹과 한중협력을 조화롭게 추구하여 국익을 극대화하는 전략이 필요한 것이다.

2009년 여름 이후 변화한 북중관계도 2단계 통일환경의 중요한 변화 가운데 하나다. 변화된 북중관계는 한국과 미국에게 대북정책의 선택 폭을 크게 좁혀놓았다. 한미 양국은 새로운 변화에 잘 대처하기 위해서 더욱 합리적이며 집중력이 있는 대북정책을 펼 것을 요구받고 있다. 쉽게 설명하면 중국이 북한 핵포기와 북한체제 유지 사이에서 분명하게 후자를 선택함으로써 이제는 북한체제를 위험에 빠뜨리면서 북핵 포기를 압박하는 카드는 사용할 수 없게 되었다. 이는 북핵문제의 해법이 북핵 포기와 북한체제의 안전보장 및 경제보상을 동시에 교환하는 9 · 19공동성명(2005년에 6자회담● 대표들이 북핵문제 해결에 합의한 성명) 방식으로 되돌아갈 수밖에 없다는 것을 뜻한다. 실제

6자회담: 북한 핵문제 해결방안을 논의하기 위해 한반도 주변의 6개국(한국 · 북한 · 미국 · 중국 · 러시아 · 일본)이 참여하는 다자회담. 2003년 8월부터 2008년 12월까지 6차에 걸쳐 개최됐으며 북한 핵문제의 평화적 해결 원칙을 바탕으로 단계적 비핵화와 대북 경제 · 에너지 지원, 북한과 주변국과의 관계정상화에 관한 합의를 도출했다.

로 외부 압박에 의한 북한 붕괴의 가능성도 매우 낮아졌다. 북중관계의 변화 속에서 중국이 북한의 강력한 후원국가로 자리잡았기 때문이다.

　북중관계의 변화는 남한이 남북대결로 얻을 수 있는 이익이 더 이상 없다는 것도 분명하게 깨닫게 해주었다. 2009년 이전까지만 해도 남한은 식량난에 처한 북한을 돕는 강력한 원조 국가였으며 북한의 경제회생을 도울 수 있는 유력한 국가였다. 이는 곧 남한이 북한경제에 상당한 영향력을 지니고 있었다는 뜻이다. 그래서 이명박정부는 이 영향력을 믿고 '5·24조치'라는, 북한에 대한 독자적인 경제제재 조치도 취해보았다. 그러나 북한과 중국이 가까워지면서 북한은 남한정부가 가한 제재조치에 크게 고통을 받지 않았다. 그래서 제재가 고통스러워 두 손들고 대화로 나오기보다는 남한에 대한 적대감만 더욱 심해졌다. 그 결과 이제는 어렵더라도 군사적 대결에서 벗어나 북한과 화해협력과 평화번영을 추구하는 대북정책이 필요하다는 주장이 더욱 설득력을 갖게 되었다.

제2장

통일하지 말자?

우리는 남북간에 툭하면 발생하는
갈등과 군사적 분쟁에 지쳐 있다. 연평도 포격사태와 같은 북한
의 도발을 겪으면서 북한에 대해 화도 많이 나 있다. 그래서 남
북이 남남처럼 아예 신경 쓰지 않고 사는 게 더 낫지 않을까 생
각하기도 한다. 차라리 북한을 통일의 대상이나 혹은 화해의
상대방으로 생각지 말고 아예 따로따로 살면 되지 않느냐는 것
이다. 북한과 영구적으로 서로 다른 주권국가로 살아가자는 것
이다. 극단적인 생각이지만 여기에 동조하는 이들도 꽤 있다. 이
보다는 덜 극단적이지만 북한이 남한에 대해 우호적인 입장이
될 때까지 북한을 점잖게 무시하며 살았으면 좋겠다는 사람들
은 아주 많다.

국제정치학에는 어떤 일이 해결될 여건이 조성될 때까지 점잖
게 상대방을 무시하는 방법으로 선의의 무시benign neglect라는 정책
이 있다. 이것은 상대방의 실수와 몰락을 기다리며 상대방을 무

시하는 악의의 무시malign neglect와는 다르다. 그렇다면 남북관계에서 선의의 무시 정책이 가능할까? 유감스럽지만 현실에서 우리가 북한과 상관없이 살아갈 방법은 없다. 선의의 무시 정책도 북한이 마찬가지로 남한에 대해 선의의 무시 정책을 쓰지 않는 한 성공할 수 없다. 그런데 북한은 남한에 대해 선의의 무시 정책을 쓰지 않는다.

북한정권과 주민들은 남한보다 더 통일 지향적인 문화와 규범 속에서 살아왔다. 그들이 생각하는 통일은 여러 면에서 우리와 다르지만 북한 주민들은 실제 생활에서 우리보다 통일이라는 말을 훨씬 더 자주 쓴다. 그래서 그들의 머릿속에서 남한은 '남'이 아니다. 비록 남한보다 훨씬 못살지만 북한은 여전히 남한의 모든 것에 대해 경쟁 심리에서 혹은 통일의 상대로서 특별한 관심을 가지고 있다. 북한이 통일을 주도할 능력을 상실한 요즈음 북한 사람들은 우리가 아무리 부정을 해도 내심 남한의 흡수통일 의도를 끊임없이 의심한다. 북한의 남한에 대한 이러한 집착과 관심, 우려가 남북관계에서 때로는 도발로, 때로는 협력과 요청으로 다양하게 나타난다. 그렇기 때문에 우리는 북한을 아예 무시하고 살거나 상관없이 살겠다고 작정을 해도 그렇게 할 수 없다.

사실 북한에 대한 선의의 무시 정책은 남한 입장에서도 실현되기 어렵다. 이러한 정책을 쓰려면 남북대화나 협력을 하지 않는 것만으로는 부족하다. 이 정책은 북한이 남한을 향해 도발하지 않으리라고 기대할 수 있어야 펼 수 있다. 그러려면 남한은 정당한 명분이 있더라도 북한을 자극하는 행동을 하지 말아야 한다. 예를 들면 북한의 공격에 대비한다는 명분으로 실시되는 한미연합 군사훈련도 중단해야 한다. 그렇지 않으면 북한이 이 훈련에 대해 호전적으로 반응할 것이며 이는 곧 선의의 무시정책의 실패를 가져올 것이기 때문이다. 2010년 11월 국군의 단독 군사훈련에 대응해서 북한군이 연평도에 포격을 가한 사건이 생생한 예라고 할 수 있다. 그런 일이 발생해도 조용히 무시한다는 건 있을 수 없는 일이다. 결국 남과 북은 서로 무시하고 따로따로 살 수 없는 불가분의 관계에 있는 것이다.

남북 분단으로 두 개의 주권국가가 세워진 지도 60여 년이 지났건만 외국인의 눈에조차 남과 북은 뗄 수 없는 존재로 인식되고 있다. 대한무역진흥공사KOTRA 유럽본부가 2011년 11월에 '한류 및 국가 브랜드'에 대한 유럽 젊은이들의 인식을 알아보기 위해 여론조사를 했다. 한국하면 가장 먼저 생각나는 이미지가 무엇이냐고 물었다. 북한이란 답이 전체의 9.1%로 가장 많았으며 K-POP이 6.9%, 서울이 6.5%, 전쟁이 5.4%로 그 뒤를 이었다.(경향신문, 2012. 1. 18) 냉전을 경험한 기성세대도 아닌 유럽 신세대의 한국에 대한 국가이미지 속에도 북한이 이처럼 깊이 녹아들어 있는 것이다. 가장 먼저 생각나는 이미지를 묻는 질문에 북한이라는 답이 1위라는 것은 대부분의 유럽인들이 한국을 떠올릴 때, 대체로 몇 번째 안으로 북한을 연상한다는 의미로 볼 수 있다.

2004년 1월에 미국 샌프란시스코 주재 한국 총영사관은 캘리포니아 주민을 대상으로 한국에 대한 여론조사를 실시했다. 한국에 대한 전반적인 인식을 묻는 항목에 대해 55%가 "긍정적"이라고 응답한 반면 27%가 "부정적"이라고 답했다. 한국을 부정적으로 본 응답자들을 대상으로 그 이유를 물으니 1위가 "핵무기 개발 및 독재체제"(20%)였으며 2위가 "한국의 주변정세 불안정"(14%) 3위가 "한국정부에 대한 불신 및 미국과 협력 기대 미달"(13%)이었다.(미주 한국일보, 2004. 2. 9) 이 조사 결과는 많은 미국인들이 남한과 북한을 혼동하고 있으며 다른 한편 적대적인 남북관계가 빚어내는 정세의 불안정이 미국인들이 지닌 남한에 대한 부정적인 감정의 주요 원인이라는 것도 보여준다.

이처럼 우리는 남북한이 다르다고 강조하지만 제3자의 눈에 남북한은 구별하기 어려운 하나의 실체 혹은 연결체로 인식되고 있다. 실제로도 북한이 우리를 '남'으로 보지 않지만 우리도 북한을 무시하거나 우리와 상관없는 존재로 여기고 살 방법은 없다. 그렇다면 방법은 한 가지다. 적극적으로 북한과 관계를 맺어가는 것이다. 더욱이 이제는 북한과 협력하여 한반도경제 시대를 여는 것이 국운개척의 길이 되었다. 지하자원협력 하나로도 남북은 수백억 달러의 부를 창출할 수 있다. 남한이 이를 거부하면 중국이 대신 그 일을 할 것이다. 그러니 이제는 북한과 대화와 협력을 추구하여 남북대결 상태를 종식하고 공동번영의 시대로 나가야 한다. 남북이 따로 살 수 없는 상황이라면 어렵더라도 함께 사는 길을 모색하는 것이 당연한 이치다.

통일은 불편한 것인가?

나이가 50이 넘은 사람들은 대개 어린 시절부터 통일을 꿈꾸며 살아왔다. 5000년 단일민족의 역사를 지니고 오랫동안 하나의 국가를 이루고 살아온 우리가 외세에 의해 분단된 이후 분열된 삶을 살아간다는 것은 받아들일 수 없었다. 이러한 감정은 해방과 함께 찾아온 민족분단이라는 초유의 사태를 겪은 지 얼마 되지 않은 때였기 때문에 더욱 강했던 것 같다. 그래서 그들은 남북대결이 지금보다 훨씬 치열하고 "때려잡자 공산당"이라는 극단적인 반공구호가 거리 곳곳에 나붙었던 시절에 초중등학교를 다녔지만, 북한을 미워하면서도 한편으로 통일을 가장 높은 가치로 생각했다. 선생님들도 그렇게 가르쳤고 사회 분위기도 그랬다. 어쩌면 북한에 대한 강렬한 증오의 표현마저 통일에 대한 집착에서 나온 애증의 한 단면처럼 보일 정도였다. 그래서 "우리의 소원은 통일"을 의심해본 적이 없었다.

그렇지만 요즈음 신세대는 다르다. 통일을 강조하는 기성세대에게 젊은이들이 의아한 듯이 묻는다. "통일을 왜 하려 하는데요?" 기성세대가 당연하게 생각했던 통일이라는 명제에 대해 신세대는 '왜'라는 의문부호를 붙이는 것이다. 이는 다른 말로 통일이 우리에게 주는 이익이 무엇이냐를 묻는 것이다. 기성세대의 입장에서는 무척 당황스럽다. 그러나 조금만 깊이 생각해 보면 충분히 이해할 만한 일이다.

기성세대는 비록 일제식민지 시대이기는 했으나 남북이 하나의 공동체로 존재했던 시절부터 살다가 해방되어 단일독립국가 건설의 열망으로 들떴다가 분단의 좌절을 겪은 사람들이거나, 혹은 그들이 뿜어내는 통일 열기의 세례를 받으며 자라난 사람들이다. 그러니 그들에게 통일은 떨어져나간 팔다리를 다시 찾아 맞추는 것과 마찬가지로 당연한 것이었다.

반면에 신세대는 이미 분단이 고착화된 상태에서 태어나고 성장했기 때문에 문화적·심리적으로 통일에 대한 절박성을 느끼기 어렵다. 여기에 그들은 세계화의 세찬 흐름 속에서 민족주의가 시대에 뒤떨어진 조류로 인식되는 시기에 자라나, 우리 국민의 통일의식의 한 축이 되어왔던 민족의식이 엷어져 있는 세대다. 이런 상태에서 그들이 북한의 도발적 태도를 자주 보게 되면 자연스럽게 북한을 귀찮고 불편한 존재로 느낀다. 더욱이 그들은 동서독 통일과정에서 나타난 통일비용 얘기를 귀가 따갑게 들었기 때문에 통일이 되면 북한경제를 회생시키기 위해서 남쪽이 엄청난 자금을 북한에 퍼부어야 한다고 생각한다. 거기에다가 통일을 할 경우 분단 60여 년의 세월이 만들어놓은 사회적·문화적 차이가 가져올 혼란과 갈등도 걱정한다. 한마디로 그들은 통일을 할 경우 금전적으로나 사회적으로나 엄청난 통일비용을 치러야 한다고 생각한다.

따라서 대부분의 신세대에게 통일은 그렇게 매력적인 일이 아니며 어떤 면에서는 상당히 부정적으로 인식되기도 한다. 통일 회의론인 것이다. 통일에 대해 절대가치를 부여하고 살아온 기성세대가 볼 때는 매우 못마땅하고 안타까운 일이지만 이러한 경향은 점점 증대하고 있다.

이런 신세대에게 기성세대가 '우리 민족은 5000년 동안 단일 민족을 이루고 살아왔으며 분단은 외세가 인위적으로 갈라놓은 것이기 때문에 통일은 운명적인 과제'라는 식으로 설명하는 것은 먼 나라 얘기처럼 들릴 뿐이다. 남북대결로 입는 피해의 심각성을 들어 통일의 필요성을 설명하는 것도 그들에게는 실감이 나지 않는다. 우리의 삶과 직결된 다른 설명이 필요하다.

통일은 정말 불필요한 것일까? 통일은 우리의 삶을 오히려 어렵게 만들까? 아니다. 통일과정에서 발생하는 불편함과 비용이 너무 부각되어 그렇게 느끼는 것이지 통일이 우리에게 가져다 줄 혜택은 통일비용을 압도할 정도로 엄청나다. 통일과 통일로 나아가기 위한 과정인 남북협력은 단순히 경제적인 측면에서뿐만 아니라 심리, 문화 등 여러 방면에서 우리의 '삶의 질'을 획기적으로 나아지게 할 것이다. 왜 그런지에 대해서는 따로 자세히 설명하겠다.(☞ 제3장 참조)

막대한 통일비용 때문에 통일을 반대한다?

통일과 관련해서 사람들이 가장 많이 걱정하는 것이 통일비용이
다. 동독 붕괴로 갑자기 통일을 맞이한 옛 서독이 통일 후 10년
간 치른 통일비용이 6000억~1조 달러에 이른다는 얘기가 우리의
걱정을 더 키웠다. 우리사회에서 통일비용 문제는 1994년 7월 김
일성 주석의 사망을 계기로 부각되기 시작했다. 김일성이 사망하
자 대부분의 전문가들은 북한이 곧 망할 거라며 흡수통일론을
주장했다. 이때부터 남한이 북한을 흡수하여 통일하는 데 드는
비용을 계산하기 시작했다. 김일성 사망 18년이 지난 지금도 북
한이 곧 붕괴할 거라며, 흡수통일을 준비하기 위한 재원을 마련
하기 위해 통일세를 신설해야 한다고 주장하는 이들이 있다.

  물론 북한이 망한다고 흡수통일을 실현할 수 있는 것은 아니
다. 그러나 우리가 어떤 형태로 통일을 맞이하든 통일로 가는
길에 비용이 꽤 드는 것은 사실이다. 한반도에서 통일비용이란
남북한이 분단 상태를 극복하고 하나의 통일공동체로 거듭나
기 위해 소요되는 비용이라고 할 수 있다. 좀 더 구체적으로 규
정하면 남북이 적대적 대결상태에서 화해협력의 단계를 실현하
고, 나아가 서로의 격차 혹은 차이를 해소하여 하나의 공동체
를 형성하기 위해 지출되는 정치, 경제, 사회, 문화적 비용을 일
컫는 것이다. 이렇게 볼 때 통일은 돈으로 환산할 수 있는 경제
적 비용 외에도 남북한 주민이 하나의 국민으로 거듭나기 위해

치르는 정치, 사회, 문화적 대가들도 포함한다.

과연 통일비용이 얼마나 될지에 대해서는 전문가마다 중구난
방에 가까울 정도로 편차가 크다. 통일비용은 통일방식과 통합
과정의 양상, 남북간 소득 격차의 조정 목표, 비용지출 기간에
따라 크게 달라질 수밖에 없다. 여기에 통일비용이 포함해야 할
요소들에 대한 명확한 합의도 없고, 북한체제에 대한 기본 자료
도 부족하다. 하다못해 현재의 북한 국민소득조차 제대로 계산
해내지 못하는 실정이다. 그러다 보니 전문가들마다 예상하는
통일비용의 편차가 너무 크며, 어느 것을 믿어야 하는지 도무지

표3 | 연구기관별 통일비용 추계

연구기관	통일 시기	통일비용 추산액	추계방법 및 기준
삼성경제연구소 (2005)	2015	545.6조 원	– 남한의 최저생계비 수준을 2015년 이후 11년간 지원할 경우 총 446.8조 원 소요 – 북한경제의 산업화를 위해 2015년 이후 10년간 북한 GDP의 10%를 지원할 경우 총 98.8조 원 소요
미국 스탠퍼드대 아시아·태평양센터 피터 벡 연구원 (2010)		2조 달러 ~ 5조 달러 (약 5800조 원)	– 북한의 소득을 한국의 80% 수준으로 끌어올리기 위해 30년간 필요 비용
랜드연구소 찰스월프 수석연구원 (2010, 포브스)		620억 달러 ~ 1조7000 억 달러 (약1970조 원)	* 다음과 같이 가정 – 남한 1인당 GDP 2만 달러, 북한 1인당 GDP 700달러 – 남한인구 4800만 명, 북한인구 2400만 명 * 북한을 남한 수준으로 올릴 경우 1조 7000억 달러 * 북한 GDP 수준 향후 5~6년 내 2배 증가 시 620억 달러

감이 오지 않을 정도다. 2011년에 통일부가 국회에 제출한 몇몇 연구기관의 통일비용 추정치를 정리한 〈표3〉은 이를 적나라하게 보여준다.

이처럼 각 기관이 내는 통일비용이 620억 달러에서 5조 달러에 이르기까지 너무 편차가 크기 때문에 특정한 연구결과에 신뢰를 두고 인용하기가 어렵다. 그러나 더 큰 문제는 오늘날 전문가들이 제시하는 통일비용은 기본적으로 남한에 의한 북한의 흡수통일이라는 전제 아래 산출된 것이라는 점이다. 이 연구들에서 단기적으로 오는 통일은 북한에서 급변사태가 발생해 북한이 붕괴하는 것을 전제로 한다. 통일을 보다 장기적으로 내다본 연구도 단지 흡수통일 시점을 뒤로 미루어서 볼 뿐이다. 즉, 남북이 서로 결합력을 높여가는 장기적인 노력을 통해 통일을 성취하고 그 과정에 소요되는 비용을 추계한 것이 아니다.

예를 들어, 2011년 통일부가 국회에 보고한 「'남북공동체 기반조성사업' 연구용역 결과」를 보면 2030년 통일을 전제로 한 '중기형 시나리오'의 경우 향후 20년간 남북간 공동체 형성비용으로 79조 원이 소요되는 반면에 통일 후 10년간 734조 원~2757조 원이 소요된다고 한다. 즉 통일 전과 후의 통일비용이 20~70배 차이가 난다. 이는 2030년에 북한의 주권이 대한민국으로 귀속되는 흡수통일이 이루어진다는 것을 전제로 했다는 뜻이다.

그러나 이러한 분석들은 남북이 화해협력과 공동번영을 추구하여 남북연합을 실현하고, 나아가 장기적으로 단일한 통일국가를 건설해간다는 노태우정부 이래 노무현정부에 이르기까지 이어져온 통일정책과 상반되는 전제 위에서 통일비용을 계산한 것이다. 역대정부의 통일정책은 두 개의 주권 국가인 남북이 연합국가를 실현하는 데 초점이 모아져 있다. 이 남북연합은 경제분야를 비롯한 다양한 분야에서 남북간에 공동체에 가까운 호혜적 협력체가 만들어지는 상태를 의미하는데, 이렇게 되면 남북의 완전한 통일은 시간문제가 될 것이다. 그런데 이 경우 통일비용은 남한이 '북한을 흡수통일하는 시점'부터가 아니라 남북연합을 향한 남북화해협력 단계부터 소요된다. 그리고 흡수통일이 아니라 보다 자연스럽게 통일국가로 나아가기 때문에 굳이 남북한의 경제생활수준 격차를 해소하기 위해 무리해서 조급하게 통일비용을 지출하지 않아도 된다. 사실 남북연합 상태에서는 북한에 독자적인 정권이 있는 상황이기 때문에 남한이 마치 국내경제개발계획을 짜서 내리먹이듯이 북한을 다룰 수 없다. 북한정권과 협의를 통해서 남북의 호혜적 공동체 형성을 향해 나가야 한다.

　물론 남북이 화해협력을 추구하거나 연합국가를 형성한 시기에 북한이 급변사태를 맞아 붕괴할 가능성도 배제할 수 없다. 그러나 그 경우에도 남북이 즉각 하나의 통일국가를 실현하는 것보다는 점진적인 통일을 유도하는 것이 국내혼란을 막고 통일비용을 덜 들이는 방법이다. 이는 이명박정부의 대통령 직속 미래기획위원회가 2010년에 제출한 통일비용 보고에 잘 나타나 있다. 이 보고는 남북한이 2040년에 평화·경제 공동체가 이루어지는 것을 전제로 향후 30년간 투자해야 할 통일비용은 연평균 100억 달러인 반면, 북한이 당장 붕괴할 경우 향후 30년간 매년 720억 달러가 소요될 것으로 보았다. 쉽게 말해서 북한 김정은정권의 붕괴 같은 북한 급변사태에 따른 급진적인 통일이 점진적인 통일보다 통일비용이 7배 더 높다는 것이다.

남북화해협력→남북연합→통일국가로 나아가는 경로를 밟는다면 우리는 통일비용을 얼마나 지출해야 할까? 이를 추정하는 것도 쉬운 일은 아니다. 통일비용은 남북화해협력 단계와 남북연합 단계가 과연 어느 정도 기간일지에 따라 달라질 것이다. 통일비용을 계산해내기는 어렵지만 그동안 초보적이지만 김대중정부(1998년 2월~2003년 2월)와 노무현정부(2003년 2월~2008년 2월)에서 남북협력을 했던 경험이나 북한의 경제수준 등을 고려하여 말할 수는 있을 것 같다. 제1장에서 살펴본 것처럼 2010년 기준으로 북한의 국민총소득이 126억 달러라고 가정할 때, 연간 북한 국민총소득의 10% 정도를 지원한다면 12~13억 달러가 된다. 현재 상태로는 매년 1조5000억 원 정도가 소요되는 셈이다. 그러나 남북협력이 심화되면 북한의 사회간접시설 지원 등에 상당한 돈이 들 것으로 예상된다. 이를 위해 조세저항이 예견되는 별도의 통일세 등으로 재원을 마련하지 말고 기존의 남북협력기금을 늘리는 방식을 취하는 것이 합리적이다.

예를 들어 국가예산의 1.5% 정도를 매년 남북협력기금으로 떼어내 관리하되, 남은 돈은 불용처리하지 말고 유사시 사용할 수 있도록 기금으로 누적시키도록 제도화하면 별도의 통일비용 없이도 이 돈으로 남북연합 시기까지 나아갈 수 있을 것이다. 2012년 기준으로 국가예산의 1.5%는 4조9000억 원에 해당한다. 그렇다면 2012년에 이를 적용한다면 북한 국민총소득에 10%(1조5000억 원 정도 상정)를 지원하고도 3조4000억 원을 누적시킬 수 있다. 이렇게 매년 기금을 누적시켰다가 남북협력이 심화단계에 접어들어, 지출이 늘어날 때 추가로 사용하면 된다. 이미 『중앙일보』에서 북한지원을 위해 정부예산의 1%를 쓰자는 캠페인을 한 적이 있는데, 보다 철저하게 통일시대를 준비한다는 차원에서 그 비율을 1.5%로 높이자는 것이다.

사실 이명박정부는 매년 1조 원 정도의 남북협력기금을 조성했으나 남북관계의 악화로 10%도 사용하지 못한 채, 나머지는 불용했다. 이를 불용처리하지 말고 누적시켰다면 아마 이미 4조 원 이상의 협력기금이 모였을 것이다. 통일에 임박해서 통일비용을 지출하면 천문학적 비용이 들어가지만, 평소에 남북관계를 발전시키며 통일의 여건을 조성해가면 비용이 훨씬 적게 들 뿐만 아니라 남한 주도의 통일정세를 맞을 가능성이 높다. 이는 전문가들뿐만 아니라 일반인도 공감하는 상식이다.

한편 우리는 남한이 통일비용으로 사용하는 금액의 상당부분이 버리는 돈이 아니라 투자 성격을 지닌다는 점을 이해할 필요가 있다. 우리가 지출하는 통일비용의 상당부분이 전기, 상하수도, 도로 등 북한의 각종 사회간접시설 건설을 위해 쓰일 것인데, 이 사업들을 맡거나 북한과 협력할 사업체는 우리 기업들일 것이다. 이는 건설업을 비롯해 우리 경제에 새로운 기회를 줄 것이다. 북한 주민들의 삶의 질을 향상하기 위해 북한 지역에 하수시설을 갖추는 사업을 지원한다고 상상해보자. 현재 하수시설이 사실상 없는 거나 마찬가지인 북한 전역에 이 시설을 갖추려면 대규모 관련 공사가 이루어져야 한다. 이 공사는 돈을 대는 남한정부가 지정하는 남한 기업들이 맡을 가능성이 높다. 북한에 관련 노하우를 지닌 기업이 있는 것도 아니다. 따라서 현지 북한 기업들과 협력하겠지만 기술, 자재, 고급인력은 불가피하게 남한 기업이 제공할 수밖에 없다. 이렇게 되면 우리 건설회사들이 4대강을 파괴하며 불필요하게 수십조 원의 국고를 낭비할 필요도 없이 자신의 부를 축적하면서 통일시대에 기여할 수 있는 기회를 얻게 된다.

결론적으로 남북이 화해협력을 통해 연합국가로 나아가면서 점진적인 통일을 추구한다면 남한이 감당할만한 범위에서 통일비용을 지출할 수 있다. 뿐만 아니라 통일비용의 투입에 따라 북한에 사회간접시설이 구축되면 남한 기업들의 북한 진출이 그만큼 용이해지기 때문에 남한의 국익이 그만큼 증대한다. 이렇게 보면 통일비용의 상당부분은 단순히 북한 주민들의 생활만 향상시키는 것이 아니라 남한도 더불어 잘살게 하는 비용인 것이다.

흡수통일은 가능한가?

사회주의 진영이 붕괴하는 과정에서 1989년에 동독이 망했다. 그리고 서독은 1990년에 동독 주민들의 선택에 따라 동독을 흡수하여 통일을 이루었다. 당시 북한은 동독과 같은 사회주의 국가로서 사회주의의 몰락에 민감하게 영향을 받는 처지에 있었다. 바로 이러한 상황 속에서 1990년대 초반부터 북한급변사태의 가능성과 그로 인한 남한의 북한 흡수통일 가능성이 제기되기 시작했다. 이때부터 우리는 북한의 남침을 걱정하면서도 한편으로는 흡수통일을 얘기해왔다. 참 아이러니한 현실이다.

흡수통일이란 북한체제가 붕괴하여 남한에 완전히 흡수되어 통일이 실현되는 것을 뜻한다. 주권국가로서 북한이 소멸되어 남한이 북한 지역을 그대로 흡수하는 것이다. 과연 적지 않은 사람들이 생각하는 것처럼 흡수통일은 임박했나? 설령 임박하지 않았더라도 흡수통일은 가능한가? 결론부터 말하자면 흡수통일은 임박했다고 보기 어려우며, 북한이 붕괴한다고 해도 그것이 곧 흡수통일로 이어지지는 않을 것 같다.

흡수통일 문제를 이해하기 위해서는 먼저 북한체제의 붕괴가능성을 살펴보아야 한다. 북한체제의 붕괴가능성은 북한의 급변사태에서 비롯된다. 즉 논리적으로 북한급변사태가 최악의 상황으로 치달으면 북한 붕괴가 발생한다. 북한급변사태란 북한 내부에서 권력투쟁이나 주민폭동, 쿠데타 등 여러 요인에 의해 정권변동이 초래되거나 아예 국가기능이 무너지는 사태를 말한다. 북한은 절대 권력을 지닌 최고지도자가 통치하는 유일 체제이기 때문에 이 지도자의 강제적 퇴출을 의미하는 정권변동 은 엄청난 국가적 혼란을 야기할 가능성이 높다. 물론 김정일의 사망과 그로 인한 후계자 김정은의 권력 승계처럼 최고지도자 의 자연사에 따른 예정된 지도자 교체는 급변사태와 상관없다.

북한의 권력구조나 김정은의 활동상황, 주민의식 등을 종합 해볼 때, 적어도 수년 내에 북한에서 급변사태가 발생할 가능성 은 매우 낮아 보인다. 2011년 12월에 발생한 김정일 사망으로 인해 새로이 들어선 김정은 체제가 제대로 안착하지 못할 가능 성도 제기되었으나, 커다란 문제없이 권력승계가 이루어지고 있 다. 특히 중국이 김정일 사망 직후부터 김정은정권의 안착에 적 극 나섰다.

그런데 북한에서 정권변동으로 급변사태가 발생한다고 그것 이 곧장 북한붕괴로 이어지는 것도 아니다. 이런 사태가 발생할 경우 정권변동이 일시적으로 혼란을 야기하겠지만 대안세력이 집권을 해서 상황을 안정시키게 되면 급변사태는 일회성 위기 로 끝날 수 있다. 따라서 북한붕괴는 정권변동이 내란으로 확 대되거나 무정부 상태에 빠져서 국가기능이 회복불능의 상태가 될 때 발생한다.

그렇다면 언젠가 북한체제의 붕괴가 발생하면 남한이 북한을 흡수통일할 수 있을까? 이 또한 쉽지 않을 것이다. 우리나라 사람 대부분이 북한이 망하면 남한이 흡수통일할 것이라고 생각한다. 그러나 그것은 북한이 붕괴하더라도 110만 명의 북한군이 어떤 형태로든 존재하며, 그 군대가 해산되더라도 엄청난 무기를 손에 쥔 무장집단이나 사람들이 북한에 존재한다는 점을 간과한 인식이다. 즉, 북한 내에서 새 지도부가 구성되든 아니면 여러 집단이 난립하든 이들이 스스로 결정하여 받아들이지 않는 한, 한국군이나 미군이 전쟁을 각오하지 않고 북한에 들어갈 방법은 없다. 북한이 망해도 북한의 운명을 결정하는 것은 북한 사람인 것이다. 따라서 북한 사람들이 원치 않는 한 한국군이나 미군을 투입한 북한 개입은 불가능하다.

여기서 중요한 것은 북한 주민이나 새로이 할거하는 북한 신지도층 인사들의 생각이다. 그들이 남한으로의 흡수통일에 부담을 느끼지 않을 정도로 남한에 대해 의존하는 심리나 신뢰가 있을 때만 남한은 북한 상황에 개입해 관리할 수 있다. 그런데 이는 꾸준한 남북관계 개선과 화해협력이 누적되어야 가능하다. 북한 붕괴가 남북관계가 좋고 북한 사람들이 남한에 의존하는 심리가 있을 때 발생해야 북한 사람들이 남한에 도움을 요청할 가능성이 높다. 그렇지 않고 북한 붕괴가 남북간에 불신이 팽배하고 갈등관계인 상황에서 발생한다면 흡수통일로 이어질 가능성은 매우 낮다. 남북관계가 악화된 상황에서는 북한 사람들이 남한에 의존해봤자 2등 국민 취급만 받을 것이라고 생각할 가능성이 매우 높다. 우리는 북한정권과 북한 주민을 분리해서 정책을 펴고 싶어 하지만 현실의 대북정책에서 북한당국과 주민을 분리해서 접근하는 것은 거의 불가능하다. 북한 주민들의 대남의식은 대체로 남북관계에 영향을 받으며 형성되기 때문에 남북 당국 간 관계가 악화되면 북한 주민의 대남인식도 그만큼 악화된다고 봐야 한다. 따라서 남북관계가 악화된 상태에서 북한이 붕괴한다면 북한 사람들은 독자생존을 위해 남한이 아니라 중국이나 국제사회에 도움을 요청할 가능성이 높다.

특히 중국의 지원이 있을 것이라고 예상할 수 있는데, 거대한 변방지역과 그곳에 사는 소수민족을 통치하는 데 골머리를 앓는 중국이 북한이 붕괴한다고 해서 굳이 속국으로 만들 의향은 없겠지만 북한이 요청하면 그 전략적 이익을 고려하여 북한의 안정화와 새로운 체제 수립을 위해 적극 지원할 것으로 전망된다. 남북이 대결하고 있는 상황이라면 이런 일은 더욱 쉽게 이루어질 것이다.

우리 사회에서 흡수통일론은 동서독 통일* 과정을 보면서 유포되었다. 붕괴된 동독의 주민들이 자유 투표를 통해 서독에 편입되는 과정을 지켜보면서 흡수통일론이 만연하기 시작했다. 그러나 독일은 우리와 사정이 크게 다르다. 동독 주민들이 서독을 택한 것은 그들이 서독 사람들을 두려워하지 않았기 때문에 가능했다. 독일은 제2차 세계대전 후 패전의 책임을 지고 동서독으로 분단됐다. 그러나 그들은 골육상쟁의 전쟁을 하지 않았으며, 상대방에 대해 극도의 적개심을 가질 계기도 별로 없

독일 통일: 독일은 1945년 제2차 세계대전 종전 이후 남북한처럼 국토가 분단되었다. 동서로 분단되어 서쪽에는 자본주의 체제가 동쪽에는 사회주의 체제가 들어섰다. 수도였던 베를린도 동서로 나뉘어 우리의 38선처럼 베를린장벽이 세워져 왕래를 차단했다. 그러나 1970년대부터 서독이 협력과 교류를 추구하는 동방정책 정책을 추진하면서, 민간인 왕래 등 여러 방면에 교류가 이루어졌다. 1980년대 후반 소련이 개혁 정책을 추진하면서 동독 정권이 흔들리기 시작했고, 1989년에는 분단의 상징인 베를린장벽이 무너지게 된다. 그러다 1990년 10월 동독 정권이 무너지면서 동독주민들의 결정에 따라 서독으로 흡수통일되었다.

었다. 더욱이 1972년 동서독 기본조약이 맺어진 이래 약 17,18년간 교류한 경험이 있었다. 통일 이전에 동독주민들은 서독의 TV 프로그램을 자유롭게 시청하며, 서독체제를 이해할 수 있는 시간을 가졌다.

반면에 남북한은 오랫동안 극도의 적대감을 드러내며 살아왔다. 북한 사람들은 남한을 '미국의 식민지' 쯤으로 비하해왔으며 다른 한편에서는 남한이 그들에 대해 두려움을 느끼는 것과 마찬가지로 그들도 남한에 대해 두려움을 느껴왔다. 이러한 상황에서 북한이 붕괴한다고 해서 북한 주민들이 자유 의지로 남한을 선택하리라고 볼 수 있을까? 너무 낙관적인 희망사항이라고 본다.

결국 북한이 붕괴되었을 경우의 흡수통일은 남북 화해협력이 지속적으로 진행되어 북한 주민과 지도층이 남한에 대해 신뢰를 가질 때나 가능한 일이다. 북한 주민들이나 지도부가 남한에 의존 심리를 가지고 있어야 급변사태가 일어났을 때도 우리는 북한을 관리할 수 있다. 이 가능성은 남북관계가 개선되지 않으면 원천적으로 생길 수 없다. 대북 강경책을 써서 북한 주민들의 남한에 대한 인식이 나쁜 상태에서는 설령 북한이 망해도 새로운 북한 지도부나 주민들이 중국에 보다 의존하면서 자체적으로 살아나갈 길을 택할 가능성이 높을 것이다.

물론 통일전략 차원에서 정부는 당연히 만약의 경우에 대비하여 북한의 급변사태에 대처하기 위한 비상계획을 마련해야 한다. 그러나 그것은 상대방 체제의 붕괴를 전제로 한 것이기 때문에 철저하게 비공개로 추진할 필요가 있다. 그리고 우리가 목적을 가지고 의식적으로 추구해야 할 통일전략의 방향은 북한의 장기적 변화를 유도해 통합을 실현하는 방향이다. 앞에서 살펴보았듯이 북한 붕괴는 가능성도 적지만 통일에 부정적 영향을 줄 것이기 때문이다. 게다가 북한 붕괴에 따른 흡수통일은 경제적 비용도 어마어마하게 들 것이다. 통일의 길은 가급적 정치, 사회, 경제적 혼란을 피할 수 있는 방향으로 모색되어야 한다. 우리에게 통일은 민족 삶의 질을 높이기 위해서 필요한 것이지 그 역은 결코 아니기 때문이다.

무엇보다 통일 시대를 준비하기 위해서도 남북관계를 지속적으로 진전시켜야 한다. 다시 강조하자면 북한에서 중대변화가 발생할 때 북한 지도부나(그것이 누구이건) 주민들이 남한에 대해 적대감보다는 호의와 의존 심리를 가져야 우리가 주도적으로 상황을 관리해나갈 수 있는 것이지, 반대일 경우 우리가 아무리 나서겠다고 외쳐보았자 소용없을 것이다. 북한 지도부와 주민들에게는 남한 말고도 중국이나 국제사회라는 또 다른 대안이 있을 수 있다는 점을 항상 명심하고 전략을 세워나가야 한다. 그 전략은 북한 변화를 따라잡거나 앞설 수 있는 남북관계의 진전이며 이 전략은 몇 대의 정부를 걸치면서 일관성을 유지해야 효과를 발휘할 수 있다.

통일을 보는 눈

제3장

통일은 우리의 미래다

많은 사람들이 통일을 아주 불편하고 비용이 많이 드는 일이라고 생각하지만 사실 통일은 우리의 삶을 극적으로 향상시켜줄 주식시장의 블루칩과 같은 존재다. 왜 그럴까? 이제까지 대한민국은 분단 이후 육지가 휴전선으로 봉쇄된 채 오직 바다 3면으로 둘러싸인 반쪽의 한반도에서 오늘의 민주주의와 경제발전을 이루었다. 그렇다면 분단이라는 제약에서 벗어나고 대륙으로 뻗은 육지가 열린다면 우리의 삶은 어떻게 될까? 새롭고 거대한 경제적 공간이 창출되고 문화, 심리적 공간도 크게 확장돼 지금과는 질적으로 다른 향상된 삶을 살 것이다. 이것은 통일을 통해 가능하며, 통일로 가는 과정인 남북협력을 통해 우리는 이를 실감하기 시작할 것이다.

제2차 세계대전 후 지구상에는 140여 개의 신생국가가 탄생했다. 그런데 이렇게 많은 나라 중에서 민주주의와 시장경제를 발전시켜 선진국 문턱에 접어든 나라는 우리나라가 거의 유일하다. 한국은 자원도 자본도 부족한 상태에서 한국전쟁의 폐허를 딛고 경제개발에 나서 놀라운 성장을 이룩했다. 우리 국민의 근면성과 창의력이 이러한 성장의 원동력이었다. 1960년대부터 본격화된 경제개발 단계에서 국민의 다수를 차지한 노동자는 당시 그들의 열악한 노동환경 속에서 억척스럽게 일했다. 세계 최장의 노동시간과 가혹한 통제를 인내하며 고도성장의 견인차가 되었다. 농민들은 저임금에 시달리는 노동자들의 먹거리를 해결하기 위해 값싼 농산물 가격을 감내해야 했다. 비록 천민자본주의의 때를 벗고 복지국가로 나아가기까지는 아직도 많은 숙제를 해야 하는 단계이기는 하나, 그것이 지금까지 긍지를 가질만한 발전을 이룩했다는 사실을 가리지는 못한다. 근면하고 재능이 넘치는 우리 국민이 간난의 시대를 딛고 오늘의 번영을 성취한 것이다.

뿐만 아니라 우리나라는 신생국가 중 거의 유일하게 국민의 힘으로 주권재민의 민주주의를 실현한 국가다. 대부분의 신생국가들처럼 우리 국민도 정부 수립 이후 독재정권의 치하에서 고생을 했다. 건국 이후 최초의 대통령이 된 이승만은 민주주의에 대한 국민의 여망과 달리 독재정치를 폈다. 그는 장기집권을 위해 대통령의 3선을 허락하지 않는 헌법조항을 없애려고 시도하는 등 헌법유린을 통해 장기집권의 길을 열었지만 국민은 1960년 4·19혁명(4월혁명)을 통해 독재정권을 타도했다.

4월혁명은 1961년에 박정희가 주도한 군사쿠데타로 군사정부가 들어서면서 빛이 바랬다. 이후 쿠데타 세력이 직접 국가를 통치하는 시대가 등장했다. 비록 그들은 군복을 벗고 민간인 행세를 했지만 군과 정보기관을 바탕으로 가혹한 독재정치를 폈다. 박정희 사망 이후에도 그 후예들이 군사쿠데타를 일으켜 군인정치 시대를 이어갔다. 그러나 국민은 끝내 이를 용납하지 않았다. 1970년대 초부터 박정희 유신독재에 대한 국민적저항이 끊이지 않았으며, 1980년 5월에는 전두환 군부세력의폭거에 대항해서 광주항쟁이 발생했다. 그리고 마침내 1987년6월 민주항쟁을 통해 군의 정치개입을 끊고 주권재민의 민주주의 시대를 열어나갔다. 국민의 힘으로 군인들을 다시 병영 안으로 들여보내고, 그들을 국방이라는 본연의 임무에 충실한 직업군인으로 거듭나게 한 것이다. 이렇게 수차례의 국민 혁명을 통해 독재정권을 타파하고 정치군인들을 몰아내며 민주주의를 성취한 경우는 세계사에서도 드문 경우라고 할 수 있다.

결국 우리나라는 분단국가라는 악조건 속에서 시장경제와민주주의 발전이라는 괄목할만한 성취를 이룩했다. 북한과의대결로 많은 국방비를 지출하고 젊은이들은 사회를 떠나 국방을 위해 병역의 의무를 져야 하는 불리한 상황에서 경제를 발전시켰다. 독재자들이 반공, 반북을 명분으로 민주세력을 탄압하고 독재를 공고히 하기 매우 쉬운 조건이었음에도 불구하고 그악조건을 뚫고 민주주의를 성취해왔다.

그런데 여기서 주목해야 할 점은 우리가 이 민주주의와 경제

발전을 오직 3면 바다만으로 이룩했다는 사실이다. 우리나라는 3면이 바다로 둘러싸여 있고 한 면이 대륙과 연결된 반도국가다. 그래서 우리는 어린 시절부터 선생님에게 3면의 바다를 통해 해양으로 진출하고 북쪽으로는 육지를 통해 중국, 유라시아 대륙으로 뻗어나가 세계만방에 기상을 떨치며 나라를 번영시킬 수 있다고 배웠다.

그러나 우리는 지금까지 한번도 반도국가가 지닌 지리적 이점을 살려보지 못한 채 살아왔다. 국가발전을 위한 대외통로로서 가장 중요한 육지 쪽이 온통 콘크리트 장벽과 철조망으로 막힌 상태에서 오늘의 경제발전과 민주주의를 성취했다. 오히려 북쪽을 가로막고 있는 휴전선을 지키기 위해 막대한 국방비와 인력을 소모해왔을 뿐이다.

이제 휴전선의 철책을 걷어내고 길을 만들어 사람과 상품, 문화가 오가며 남북협력을 실현하고 나아가 이 북방의 통로를 따라 중국과 시베리아를 거쳐서 유라시아 대륙으로 진출할 수 있다면 우리의 삶이 어떻게 달라질까? 분명 크게 달라질 것이다. 간단하게 남북이 지하자원 협력만 해도 1년에 수백억 달러의 부를 창출할 수 있다. 남한은 석탄·철광 등 지하자원을 연간 300억 달러 넘게 해외에서 수입한다. 반면에 북한은 철과 석탄, 마그네사이트, 아연 등 주요 지하자원의 세계적인 보유국가다. 전문가들은 남한이 북한과 자원 공동개발을 통해 북한의 낙후된 생산량을 어느 정도만 향상시켜도 한국경제에 6조 원 이상

유라시아 철도의 활성화
는 남북의 철도가 연결되
었을 때 얻을 경제적 효
과를 증가시키고 있다.(한
겨레, 2012. 5. 15)

아시아~유럽 물류혁신 박차…'남북평화'도 실어나른다

시베리아 횡단철도 르포

블라디미르 푸틴 대통령의 재집권으로 러시아
가 야심차게 추진하는 '극동 프로젝트'가 더욱

강력히 추진될 것으로 보인다. 시베리아 횡단철도(TSR)를 축으로 한 극동개발 전략은 한반도 종단철도를 통한 대륙 진출을 꿈꾸는 남한과 나진·선봉지역을 중심으로 경제 활성화를 꾀하려는 북한에 기회가 될 전망이다. 〈한겨레〉는 지난달 20일부터 열흘 동안 러시아 극동 보스토치나에서 서쪽 상트페테르부르크까지 시베리아 횡단철도 구간을 포함해 1만여 km를 횡단하며 한반도와 러시아의 미래에 대해 살펴봤다.

푸틴 재집권으로 '극동 프로젝트' 가속도
시민들 "한국·일본 물류 철도로 돌아올것"
남북교류 늘면 경제이익·안정에 한몫 기대

블라디미르 푸틴 대통령의 취임식을 보름 앞둔 지난달 23일, 러시아 극동의 항구도시 블라디보스토크의 키릴공원은 루스키섬과 이어진 연륙교의 이 경을 둘러보고 나온 시민들로 북적거렸다. 공원에서 만난 시민 아나스타샤는 "아름고 튼튼했던 블라디보스트크가 2년 사이 달라졌다"고 자랑했다. 블라디보스트크는 푸틴이 의욕적으로 추진하는 '극동 프로젝트'의 핵심도시다.

푸틴의 재집권으로 다시 주목받기 전 극동 프로젝트는 시베리아 횡단철도를 중심에 놓은 러시아의 대륙개발 기발 계획이다. 이 계획은 극동과 러시아 경제권역을 발전시켜 낙후된 지역의 경제를 살리고 러시아·태평양지역 시장에 진출해 중국을 견제하며 러시아의 아시아 출입구를 개척하는 한 초안이 맞춰져 있다.

러시아는 블라디보스토크에서 오는 9월 아시

아태평양경제협력체(APEC) 회의를 유치해 극동 개발의 신호탄을 쏘아올렸다. 3년 동안 200억달러를 들어 최대장인 루스키섬을 잇는 연륙교를 만들었다.

러시아의 극동 프로젝트는 북한의 경제 활성화, 남한의 한반도 종단철도(TKR·Trans-Korean Railway)를 통한 대륙 진출과 맞물려 있다. 건설되시인 시뮬레이터플라트토와 유로 연나라카지 뻗어있는 '러시아 극동지역의 꿈과 가치 개발을 시베리아 횡단철도와 연계해 궁극적으로 동·부 블라디보스토크·부산을 국가의 철도도 이어질 것이라고 밝히고 있다. 시월란 의 천연가스·가스도 하나 개발해 앞을 경상남은 러시아·푸틴징 금정의 핵심이다. 가스관을 연결해 얻어 남한까지 수송한을 공급하는 방안을 구상중이니 에는 이번 배경이 담겨있다. 블라디보스토크에서 운행속도 130km설

어진 보스토치나, 외국에서 실려온 수입과 컨테이너를 싣거나 시베리아 횡단철도를 타고 유럽으로 운송하는 거점이다. 18년 전 한국 기업을 이 섬을 들판에 철도를 건설하려다 실패한 기억이 남아 있는 우에나 5·6년 전 철도 운송료가 크게 오르면서 많은 물동기가 해상 운송으로

돌아가는 결정이다. 극동 개발이 본격화하면서 외곽시설들의 초대용 시베리아가 드는 고비식 있는 못했다. 아못 좀 나룡가·보스토크에 부벼진은 '극동개발로 한국·일본의 물류기 철도로 돌아올 오으로 기대한다고 말했다.

컨테이너를 단은 항구 맞은편 니홋카·보스토치나에서 9268km 떨어진 종착역 모스크바

시베리아 횡단철도가 러시아의 미래를 좌우하는 중요한 구실을 할 것이라는 데 대다수가 동의했다. 그 가능성을 이견이 없다. 시베리아 철도 대통령 자신 폰스타인 보까로트 박사는 "시베리아 단철도는 낙후된 인프라로 통한 철차 률의 경쟁력을 살려 연간 43만대씩 주장되는 벌 유럽행 컨테이너 가운데 1%가량만 흡수된

의 부가가치 효과가 나타날 것이라고 한다.

부산항은 지리적으로 유라시아 대륙과 해양을 연결하는 한반도 동남쪽 끝에 자리를 잡은 천혜의 항구도시로서 현재 세계 5위의 무역항이다. 그러나 지금까지 부산항은 분단으로 인해 북방으로 향하는 모든 통로가 꽉 막혀 사실상 10만 평방킬로미터의 면적에 4900만 명이 사는 대한민국의 항구도시로만 묶여 있었다. 그러니 부산항의 발전에는 근본적인 한계가 있었다. 그러나 남북협력을 실현하여 부산항에서 시작하는 철도와 도로가 휴전선을 넘어 중국·러시아와 연결된다면 부산은 면적 5500만 평방킬로미터, 인구 40억 명이 사는 유라시아 대륙과 태평양을 잇는 최대의 물류기지로서 번영하는 항구도시로 거듭나

게 될 것이다.

지금 우리가 휴전선을 허물고 남북이 협력하고 통일로 나아가는 것은 바로 이러한 비전을 실현하는 것이다. 미래학자나 경제학자가 아니더라도 그렇게 되면 우리 경제가 질적·양적으로 비약적인 발전의 계기를 맞이하고, 우리의 문화적·심리적 공간도 획기적으로 확장되고 발전하리라는 것 정도는 알 수 있다. 우리의 삶의 질을 향상시킬 대전환의 계기가 오는 것이다. 바로 이것이 그동안 막혔던 육지가 북한을 향해 열렸을 때 우리에게 찾아오는 기회의 창이다. 물론 이러한 기회는 남쪽을 향한 육지가 가로막혀 바다마저 양분되어 있던 북한에게도 마찬가지로 주어질 것이다.

한편 한 나라의 국민총생산에서 수출과 수입이 차지하는 비중을 무역의존도라고 한다. 천연자원이 부족하고 내수기반이 취약한 우리나라는 무역의존도가 100%를 넘나드는 비정상적인 국가다. 먹고사는 문제가 거의 무역에 달려 있다는 얘기다. 그런데 우리는 이제까지 이 무역을 3면 바다를 통해서만 할 수밖에 없었다. 그러다 보니 대외 교역과 인적, 문화적 교류의 발전에 한계가 나타나기 시작했다. 상황이 이렇다 보니 그동안 막혔던 북방을 향한 육지를 연다는 것은 우리에게 어느 때보다도 값진 일이 되었다.

경제적인 측면에서 북방을 개척한다는 것은 두 가지 의미를 지닌다. 첫째는 북한을 통해 중국과 유라시아 대륙으로 진출하는 것이며, 둘째는 남북협력을 실현하여 자연스럽게 장기적으로 남북한 경제공동체를 만들어가는 것이다. 이 중에서 남북협력은 값싼 노동력과 토지를 보유한 북한과의 협력이 한국경제 발전에 중요한 전기가 될 수 있어 특별히 더 중요한 일이다. 이와 함께 남북경제공동체의 형성은 과도하게 대외의존적인 우리경제를 내수와 무역이 어느 정도 조화를 이루는 규모의 경제로 발전시킬 수 있는 기회를 제공할 것이다. 흔히 경제학자들은 규모의 경제를 이루려면 인구 1억 명 정도의 경제공동체가 필요하다고 말한다. 만약 남북이 하나의 경제공동체를 만든다면 그 구성원은 7300만 명이 넘게 된다. 여기에 약 700만 명의 해외동포를 합하면 8000만 명 정도를 포괄하는 경제공동체가 되며, 이렇게 되면 우리도 어느 정도의 규모의 경제를 해나갈 수 있다.

57년만에 휴전선을 넘어 고성 제진역에 도착한 동해선 북측 열차

그런데 분단 60여 년의 세월 동안 남북협력과 통일이 줄곧 이처럼 우리에게 미래의 양식이 되었던 것은 아니다. 남북협력과 통일이 우리에게 블루칩이 된 것은 1990년대 이후였다. 냉전의 해체로 인해 앞에서 살펴본 새로운 비전이 생긴 것이다. 한소수교와 한중수교가 이루어진 것은 각각 1990년과 1992년이었다. 1980년대만 해도 소련과 중국은 북한과 동맹을 맺고 있는 사회주의 강대국으로서 우리에게 적성국가敵性國家였다. 따라서 1980년대 중반까지 우리나라는 이 나라들과 교류가 없었으며 오히려 한미동맹을 내세우며 대결하고 있었다. 그런 시절에 남북이 협력을 하고 북한을 통해 남한의 상품과 문화가 유라시아 대륙으로 뻗어 나간다는 것은 실현 불가능한 상상이었다. 그러나 1990년대부터는 상황이 달라졌다. 지금은 남한의 최대 교역국이 중국이고 소련의 후신인 러시아와도 연간 수백억 달러의 교역을 하고 있다. 중국과 러시아 모두 남북이 화해하고 협력하기를 바라며 남한의 물건과 사람이 압록강과 두만강을 가로질러 자기 나라로 들어오게 되기를 희망한다. 또 자기 나라의 상품이 남북 연결 철도를 통해 부산항까지 수송되기를 바란다. 북한도 남북협력이 자신에 이익이 된다고 보고 있다. 냉전의 해체가 남북협력과 통일이 우리의 미래 양식이며 미래전략으로 부각될 만큼 세상을 바꾸어놓은 것이다.

휴전선을 뚫고 막혔던 육지가 열리면?

우리는 바다 3면의 한계를 넘어서 휴전선을 뚫고 북방으로 뻗어가는 기회의 창을 어떻게 열어야 하나? 무엇보다도 먼저 남북화해와 협력을 통해서 이 창을 열어야 한다. 그것은 미지에 대한 도전도 아니며 그렇게 어려운 일도 아니다. 이미 10년 전 김대중정부 때부터 이러한 노력을 하여 기초를 닦아왔다. 그 결과 노무현정부 시기에 휴전선을 뚫고 북쪽으로 철도와 도로를 연결하기 시작했다.

우리는 2003년부터 개성공단을 통해 남북협력 사업을 추진해왔으며 2007년 10월에 있었던 남북정상회담에서는 분쟁의 서해바다를 공동이익을 창출하는 평화협력특별지대로 만들자는 데도 합의했다. 비록 지금은 막혀 있으나 동해안의 휴전선을 뚫고 금강산 관광사업도 실현시켰다.

이 중에서도 개성공단은 남북관계가 한국전쟁 이후 최악의 상태에 빠졌다는 이명박정부 아래서도 여전히 공장이 가동되고 기업들이 수익을 냄으로써 남북협력의 안정성과 수익성을 입증시켜주었다.

2011년 12월 현재 개성공단에는 123개의 남한 기업이 가동 중이며 5만여 명의 북한 근로자가 일하고 있다. 2010년 12월에 한국산업공단 산하 산업입지연구소가 지식경제부에 제출한 용역 보고서에 따르면 2005년부터 2010년 9월까지 개성공단이

남한경제에 미친 생산 유발 효과가 5조2668억 원이며, 부가가치 유발효과도 1조5275억 원이었다고 한다. 국내에서 2만7547명의 취업자도 유발시켰다고 한다. 북한이 얻은 수입은 연간 600여 억 원이었는데, 대부분이 근로자들의 임금이었다.

개성공단 입주기업들은 2010년 3월에 발생한 천안함 사태 직후 정부가 북한에 경제제재를 가하는 '5·24조치'를 발효하면서 개성공단 출입이 통제되는 등 최악의 기업환경 속에 놓인 적이 있었다. 바로 그 시기였던 2010년 10월에 산업입지연구소가 개성공단 입주기업들을 전수조사한 결과 경영활동 만족도와 관련하여 33.3%가 만족스럽다고 대답했으며 34.7%가 보통으로 31.9%만이 불만스럽다는 의견이었다고 한다. 최악의 경영 여건에서도 이 정도의 만족도가 나왔다는 것은 입주기업들이 개성 공단의 가치를 그만큼 높이 평가한다는 뜻이다.

결국 개성공단은 남한의 자본·기술과 북한의 노동력·토지를 결합한 남북협력 사업이 노동자들의 고임금으로 인해 중국과 동남아를 전전하던 한국의 노동집약적 산업들에게 새롭게 도약할 기회가 된다는 사실을 증명했다. 개성공단 사업은 북한에게도 정당한 노동과 토지제공을 통해 부를 축적할 수 있다는 사실을 실감케 했으며 북한이 시장경제를 배워가는 데도 큰 역할을 하고 있다.

남한·북한·중국이 윈윈하는 황해경제권

개성공단 이외에도 남북협력이 당장 우리에게 블루칩이라는 것을 보여주는 또 다른 사업이 서해평화협력특별지대다. 남북이 서해 북방한계선NLL*에서 군사적 긴장을 완화하고 평화협력지대를 만들고자 하는 이 사업이 실현되면 한국경제의 공간 자체가 크게 확장된다.

노무현 대통령은 2007년 10월에 평양을 방문하여 북한의 김정일 국방위원장과 정상회담을 통해 10·4남북정상선언을 발표했다. 이 선언에서 남과 북은 긴장의 서해바다를 평화와 공동이익을 창출하는 바다로 바꾸기 위한 서해평화협력특별지대

NLL: 북방한계선(Northern Limited Line)이란 의미로 육상의 휴전선처럼, 해상에서의 남과 북의 해상경계선이라고 할 수 있다. 그러나 문제는 이 경계선이 정전협정 당시 합의된 것이 아니라는 점이다. 유엔과 공산측은 1953년 7월 27일 정전협정을 맺으면서 해상에서의 경계선을 확정하지 않았다. 따라서 1953년 8월 클라크 주한 유엔군 사령관이 유엔 측 항공기나 함정이 북한 수역이나 영공으로 들어가는 것을 막기 위해 북방한계선을 설정했다. 이 한계선이 해상경계선으로 굳어졌다. 그러나 북한은 이 경계선에 대해 합의한 적이 없다는 점을 들어 이를 인정하지 않고 있다. 이런 이유로 북한경비정이 NLL을 넘어오며 다툼이 자주 일어나는 등 분쟁의 씨앗이 되고 있다.

설치에 합의했다. 서해평화협력특별지대는 NLL과 그 주변지역을 남북 공동어로, 해주 경제특구, 한강하구 공동개발 등을 통해 공동사업 구역으로 전환시키고 이를 군사적으로 보장함으로써 군사적 갈등을 원천적으로 억제하고 지역 내 평화와 번영을 도모하자는 구상이다. 이 사업이 성공적으로 진행되면 남과 북은 군사적 갈등으로 인한 비용 소모 대신에 평화를 얻고 상당한 경제적 이익을 취하게 될 것이다.

그러나 서해평화협력특별지대가 특별한 의미를 지니는 것은 이 사업이 황해경제권 형성의 출발점이기 때문이다. 잠시 아래 그림을 보자.

오늘날 중국은 G2라고 불릴 정도로 미국과 어깨를 겨루는 강대국이 되었다. 중국은 1980년대부터 고속성장을 하여 미국에 이어 세계 2위의 경제대국이 되었으며, 지금도 무서운 속도로 발전하고 있다. 그런데 중국경제는 광대한 국토 중에서도

지도에서 보다시피 남북한과 중국의 주요 도시들은 황해를 사이에 두고 떨어져 있다. 황해 뱃길을 가로막는 NLL이 평화수역이 된다면, 남북한은 눈부시게 발전하는 중국 동부해안의 도시들과 함께 황해경제권을 형성할 수 있다.

주로 동부해안의 도시들을 중심으로 발전해왔다. 이러한 발전은 지리적으로 중국의 북부는 몽골 및 시베리아와 맞닿아 있고 서부는 사막지대이며 남부 국경선은 히말라야 산맥과 열대우림 지역이기 때문에 불가피했을 것이다. 즉, 풍부한 산업인력과 수자원이 있으며 외부세계와의 교역 등에서 편리성을 지닌 곳은 동부해안지대뿐이다. 이러한 까닭에 중국 동부해안은 중국경제의 고속성장의 엔진 역할을 하고 있는데, 그림에서 보듯이 바로 이 지역과 황해를 사이에 두고 맞닿아 있는 곳이 한반도다. 특히 상하이, 광저우 등과 함께 중국경제의 중심축을 이루는 톈진, 다롄, 옌타이, 칭다오 등의 해안 도시들은 모두 황해를 사이에 두고 한반도와 마주하고 있다. 따라서 정상적인 상태라면 이 도시들과 마주하고 있는 한반도의 신의주, 남포, 인천, 평택, 군산, 목포 등은 시너지 효과를 내며 함께 발전하는 게 당연하다. 그러나 서해바다의 가운데를 가로지르는 NLL을 사이에 둔 남북의 군사적 대결은 이러한 공동성장의 기회를 빼앗아왔다.

그렇다면 늘 남북 분쟁의 도화선이 되어온 NLL부근 수역이 평화구역으로 바뀌고 남북협력이 이루어지면 사정이 달라질 것이다. 이 경우 서해평화협력특별지대의 창설은 단순히 남북협력을 통한 이익의 창출을 넘어서 우리에게 거대한 발전 기회를 제공할 것이다. 서해평화협력특별지대가 구축되면 서해에서 남북협력, 한중 경제협력, 남·북·중 협력을 통해 보하이만·산둥반도 등 중국 동부해안 일대와 한반도 서해안을 연결하여 발전시키는 황해경제권(지리적으로 볼 때 중국에게 서해는 동해를 뜻하게 되니 중립적인 용어로 국제적으로도 사용되는 황해를 쓰는 것이 좋겠다)을 구축할 수 있다. 황해를 분쟁의 바다에서 평화의 바다로 전환시킴으로써 중국 고속성장의 핵심지대인 중국 동부해안의 발전 동력을 흡수하여 남북한과 중국이 함께 발전할 수 있는 거대 경제지대를 만들어가는 것이다.

그런데 이러한 비전을 지닌 남북협력 사업은 말 그대로 북한과 협력해야 하는 사업이다. 그래서 우리는 결정해야 한다. 북한의 호전성과 도발을 탓하며 이러한 전략적 과제들을 포기하고 끊임없이 대결 일변도로 살 것인지, 아니면 못마땅한 점이 한둘이 아니지만 인내심을 가지고 북한을 설득하고 북한의 호전성을 감소시키며 남북협력을 실현해가야 할지를 말이다.

국제적 관광지로 발돋음할 금강산

금강산 관광은 어떠한가? 적지 않은 사람들이 금강산 관광을 북한에 돈이나 갖다 주는 아주 잘못된 사업으로 인식하고 있다. 그러다 보니 이명박정부는 2008년 7월에 통행금지 구역을 넘어간 남한 관광객이 북한군에 의해 피살된 사건이 발생한 이후 이 사업을 아예 중단시켰다. 그러나 금강산 관광은 재개되어야 한다. 그동안 금강산 관광이 우리 안보에 주는 이익이나 남북화해에 미치는 긍정적인 영향을 입증하는 많은 실증연구가 있었다. 그러나 아직까지 금강산 관광이 경제적으로도 막대한 부를 창출할 수 있다는 점은 덜 알려져 있다.

그동안 금강산 관광은 주로 국내 관광객에 한정되었다. 그러다 보니 그 경제효과에 대해서도 말이 많았다. 그러나 현대그룹은 애초에 북한과 금강산을 국제관광특구로 개발하기로 합의했다. 지금 이 합의대로 금강산을 국제관광특구로 발전시키고

비무장 지대를 가로질러 금강산 가는 길. 금강산 관광은 남북평화의 상징일 뿐 아니라 국제적 관광자원으로서의 가치도 크다.

이를 남한의 설악산, 강릉, 평창(동계 올림픽예정지)과 연계시켜 개발한다면 남과 북은 커다란 경제적 부를 공동으로 창출할 수 있을 것으로 보인다. 물론 금강산 북쪽에 위치한 북한의 유명한 해양도시인 원산을 함께 개발하면 더욱 좋다. 이러한 전망을 하는 이유는 최근 중국의 해외관광이 급증하고 있기 때문이다. 2010년에 해외관광을 한 중국인은 5000만 명을 넘었으며 2015년경에는 1억 명에 달할 것이라고 한다. 이 중에서 얼마나 많은 관광객을 국내로 유치하느냐 하는 것은 우리 경제의 중요한 과제라고 할 수 있다. 참고로 2011년에 남한을 찾은 중국관광객이 200만 명을 넘어섰다.

여기서 중국관광객을 대거 유치할 수 있는 유력한 방법이 바로 금강산과 강원도의 명소를 연계하는 관광의 실현이다. 중국인들은 휴전선을 오가며 남북의 명소를 구경하는 식의 이벤트성 관광에 아주 관심이 많다. 보통 서방 사람들은 북한에 대한 부정적인 인식과 두려움 때문에 비록 금강산이라 하더라도 북한을 관광한다는 것 자체에 소극적이다. 그러나 중국인들은 다르다. 그들은 북한처럼 사회주의 제도 속에서 오래 살아왔으며, 중국과 북한이 오랫동안 우호관계를 맺어왔기 때문에 북한 관광에 대해서도 적극적이다. 이는 북한에 외국관광객이 거의 없던 2010년에 북한을 찾은 중국관광객이 13만 명이 넘었다는 사실에서도 알 수 있다.

아마 금강산과 남한의 명소를 연결하는 남북한 연계관광이 실현된다면 매년 수백만 명의 중국관광객이 이곳을 찾을 것이다. 많은 중국인들이 휴전선을 오가며 남북의 명소를 구경하고 레저를 즐기는 데 관심을 가질 것이다. 결국 금강산 관광은 우리가 활용하기에 따라서는 강원도의 유력한 먹고살거리가 될 수 있다는 얘기다. 강원도는 환경오염을 유발하는 공장을 건설하지 않아도 금강산-설악산-강릉-평창 연계 관광 벨트를 실현시켜 중국관광객을 받아들이면 관광으로 충분히 먹고살 수 있는 고장으로 발전할 수 있는 것이다.

그러나 아무리 커다란 경제적 가능성을 지니고 있다 하더라도 국민과 정부가 그것을 알아보지 못하면 소용이 없다. 세상의 변화가 우리에게 준 기회를 정확하고 신속하게 포착하여 행동으로 옮겨야 그 과실을 딸 수 있다. 이를 위해서는 무엇보다도 금강산 관광의 재개가 우선이다. 정부는 최초의 대규모 남북협력 사업인 금강산 관광을 다시 재개하고 현대아산이 북한과 협상을 통해 국제관광특구로 격상시키려고 하는 노력을 도와야 한다.

그런데 금강산 관광은 이러한 경제적 실익을 넘어서 우리에게는 민족화해와 통일의 상징이기도 하다. 기성세대에게 금강산 관광은 하나의 소원이었다. 그들은 "금강산 찾아가자 1만 2000봉"이라는 노랫가락에 맞춰 고무줄놀이를 하며 어린 시절을 보냈다. 남북이 분단되어 적대와 반목을 하는 상황에서 금강산 구경은 "꿈"에서나 가능하지 현실에서는 엄두조차 낼 수 없었지만 통일의 염원을 담은 소중한 가치였다. 그렇기 때문에 철저한 반공주의자였던 박정희 대통령조차도 1971년 4월 대통령선거 유세과정에서 3차 경제개발5개년 계획이 끝나는 5년 후에는 남북간 도로를 연결하고, 남과 북이 각각 3억 달러와 2억 달러씩 내서 금강산을 개발할 수 있을 것이라고 밝혔다.(동아일보, 1971. 4. 17) 그가 내건 이 청사진의 근거는 1976년쯤이면 남한경제가 북한을 압도한다는 것이었는데, 당시 남북간 경제력을 비교해볼 때, 북한경제를 압도한다는 수준은 대체로 북한보다 1.5~2배 앞선다는 것을 의미했으리라고 짐작된다. 그때 돈 3억 달러면 지금 돈으로 30억 달러가 훨씬 넘을 텐데, 지금 같으면 보수적인 인사들로부터 당장 '북에 퍼주는 대통령은 하야하라'는 비판이 나올 법한 주장이었지만 당시 그의 말에 토를 다는 사람은 없었다.

그 뒤 현대그룹 정주영 회장은 1989년 1월 북한을 방문하여 김일성 주석을 면담하고 금강산 관광사업 관련 합의서를 체결했으며 우여곡절 끝에 1998년 11월에 동해 NLL을 넘어 금강산 관광선을 띄웠다. 결국 박정희의 발언이 있은 지 30년이 지나서 우리는 문자 그대로 북한을 압도하는 경제력을 지니게 되었으며 그 힘을 바탕으로 금강산 관광을 실현시킨 것이다. 이제 노병은 손자의 손을 잡고 휴전선을 가로질러 금강산 구경을 갈 수 있게 되었다. 지금은 다시 이 길이 막혔지만 평화와 통일에 대한 국민의 염원과 남북협력이 남북 쌍방에 모두 크나큰 이익이 되는 시대적 상황이 곧 이 막힘을 뚫어낼 것이다.

통일을 보는 눈

제4장

남북갈등,
무엇이 문제인가

흔히 우리는 분단시대에 살고 있다고 한다. 우리나라를 분단국가라고 표현하기도 한다. 그렇다면 분단은 무슨 뜻일까? 말 그대로 하자면 분단은 갈라져 있는 상태를 뜻한다. 남북이 지리적으로 떨어진 것을 말한다. 그러나 우리 사회에서 분단은 이보다 훨씬 넓고 복잡한 의미를 지니고 있다. 오늘날 분단은 단순한 남북한이 갈라진 상태만 아니라 그 분열이 낳은 여러 양상들을 포괄하는 개념으로 쓰인다. 이렇게 분단 개념이 복잡하다는 것은 분단의 해소, 즉 통일로 가는 길이 만만치 않다는 것을 의미하기도 한다.

4월혁명 직후 통일에 대한 대학생들의 열망이 넘쳐났다. 그때 나온 구호가 "가자 북으로! 오라 남으로! 만나자 판문점*에서!"였다. 적대적 대결로 점철된 남북관계를 더는 못 참겠다며, 대학생들이 하나의 핏줄인 남북이 만나 대화를 통해 해결하지 못할 일이 무엇이겠느냐며 제기한 구호였다. 원론적으로 맞는 말

판문점: 남한과 북한의 군사분계선에 걸쳐 있는 장소로 서울 북쪽 40킬로미터 개성 동쪽 10킬로미터에 위치해 있다. 원래는 평범한 마을이었으나 한국전쟁 휴전회담이 이곳에서 진행되고 최종 조인되면서 유명해졌다. 지금도 북한과의 공식적인 대화와 협상이 주로 이곳에서 이뤄진다. 유엔군과 공산군이 공동으로 관리하기 때문에 '공동경비구역(JSA)'라고 불린다.

이다. 아무리 어려운 갈등사항이라도 당사자끼리 만나서 머리를 맞대면 해결책을 찾아낼 가능성은 그만큼 높다. 그러나 남북갈등은 무조건 만나서 머리를 맞댄다고 문제가 해결되기에는 좀 더 복잡하고 어려운 사안이다. 그 이유는 우리를 갈라놓은 분단이 그렇게 호락호락한 것이 아니기 때문이다. 어떤 사람들은 "피는 물보다 진하다"며 아무리 분단이 오랫동안 지속되었어도 그것은 "칼로 물 베기"에 불과하다고 말한다. 민족통합의 길은 어려운 것이 아니라고 말한다. 그러나 우리 앞에 놓인 분단은 생각보다 훨씬 견고하다.

분단을 막기 위한 남북협상 참석길에 38선 앞에 선 백범 김구(1948)

제4장
남북갈등,
무엇이 문제인가

역사적으로 남과 북 사이에는 지리적 분단 위에 여러 겹의 분단이 겹쳐 쌓여 오늘에 이르렀다. 먼저 분단은 1945년 8월 15일 해방과 동시에 미국과 소련이 한반도에서 편의적으로 점령지역을 분할하기 위해 경계선을 그으면서 발생했다. 그것이 38선*이다.

38선: 제2차 세계대전이 끝나고 미국과 소련이 북위 38도선을 경계로 한반도를 남과 북으로 나눈 군사분계선. 북한이 1950년 6월 25일 38선을 넘어 한국전쟁을 일으키기까지 남과 북의 경계선이 되었다.

그러나 38선이 미소 대립으로 상징되는 냉전체제의 형성과 동시에 이루어짐으로써 이미 자본주의와 사회주의로 나뉘는 이념적 분단을 잉태하고 있었다. 실제로 해방 후 남북한에서는 이념갈등이 치열해졌으며 남한에서는 공산주의자들이 축출되고 북한에서는 민족주의자들이 박해를 받았다. 그 결과 남한은 자본주의와 자유민주주의로 일색화되었으며, 북한은 공산주의가 지배하는 사회가 되었다. 이러한 이념적 분단 위에 북한에서는 토지개혁과 주요 공장의 국유화 등 사회주의를 향한 움직임이 빨라졌으며, 남한에서는 반대로 자본주의 시장경제가 발달하기 시작했다. 체제상의 분단이 더해진 것이다.

해방 후 남북의 양대 집권세력이 1948년에 이르러 각각 대한민국(8월 15일)과 조선민주주의인민공화국(9월 9일)을 수립함으로써, 남북의 분열은 정권 분단으로까지 나아갔다. 이렇듯 분단이 여러 겹으로 쌓이는 과정에서 그 위에 끊임없이 문화적 분단이 더해졌다. 남한 사람들은 빠르게 '양키문화'로 상징되는 서양문화를 받아들였으며, 북한 사람들은 사회주의적 생활양식과 문화에 적응해갔다. 그리고 분단이 누적되자 이 모든 분단을 물리적으로 해소하고자 시도한 한국전쟁이 발발했다. 그러나 전쟁은 분단을 해소하기는커녕 '형제에 대한 증오'라는 적개심만 한 겹 더 쌓았다. 1953년 7월 27일 전쟁이 휴전이라는 형태로 마무리되면서, 이제 38선 대신에 휴전선이 분단의 상징이 되었다. 그리고 휴전 이후 수십 년 동안 남과 북은 서로 갈등하면서 분단을 더욱 단단하고 복잡한 것으로 만들어왔다.

이처럼 우리 민족의 분단은 지역적 분리로 시작하여, 이념, 체제, 문화, 감정에 이르기까지 오랜 세월 동안 여러 차원의 분열적 양상들이 중첩되어 오늘에 이르고 있다. 따라서 분단은 단순히 지역적인 분리의 경계표시를 넘어서 역사적으로 우리 삶의 조건을 결정하는 중요한 요소로 작용해왔다. 우리는 분단 현실을 떠나서는 사고조차 하기 어렵다.

그런데 분단이 역사적으로 여러 계기를 통해서 여러 겹의 복잡한 구조를 지니게 되었다는 사실은 평화통일 즉, 분단해소의 문제가 그렇게 간단한 일이 아님을 시사한다. 그래서 분단이 지닌 이 복잡함 때문에 우리가 분단을 극복하고 통일을 이루기 위해서는 무엇보다도 이 분단의 성격을 정확히 이해할 필요가 있다.

먼저 '분단을 규정하는 기본요인이 무엇인가'부터 따져보자. 이와 관련해서 오늘날 분단은 세 개의 기본요소를 그 안에 품고 있다. 첫째, 분단은 분열된 두 주권국가의 존재로 상징되는 지역적 분단의 의미를 포함하고 있다. 이 지역적 분단은 가장 기초적인 규정이라고 할 수 있다. 둘째, 분단은 상이한 삶의 양식을 지닌 두 사회가 나뉘어져 존재한다는 뜻을 포함하고 있다. 즉, 남북한에는 지금 경제적 양식부터 정치제도, 문화에 이르기까지 전혀 다르며 적대적이기까지 한 두 개의 생활양식이 분립하고 있다. 셋째, 분단은 너 죽기 나 살기 식의 제로섬 게임에 기초한 갈등과 대립으로 상징되는 적대성을 그 안에 안고 있다. 남의 주민과 북의 주민은 서로에 대해 불신과 적대감을 가지고 있으며, 그들이 쌓아온 문화와 제도 곳곳에 이 적대성이 스며 있다. 남북간 적대성의 상징은 아무래도 휴전선을 대결선으로 남과 북의 군대가 대치하고 있는 상태일 것이다. 분단이 우리에게 항상 위협적인 직접적인 이유는 바로 이 적대성 때문이다. 그동안 분단에는 상대방에 대한 적대성이 기본 요소로 포함돼 있었다.

이처럼 분단이 지닌 요소들을 따져보면 분단이 얼마나 우리의 삶을 구속해왔는지도 알 수 있다. 그리고 통일을 위해서는 인내심을 갖춘 신중하고 지혜로운 분단 극복 노력이 얼마나 필요한지 절감하게 된다. 특히 지역적 분단은 겉으로 드러난 양상에 불과할 뿐, 더 심각한 분단은 적대에 가까운 상이한 사회체제와 서로에 대한 증오라는 사실도 새삼 깨달을 수 있다. 동족에 대한 적개심을 없애고, 서로 다른 체제를 하나로 만드는 과제를 수행하지 않는 한 통일은 요원할 수밖에 없다. 그런데 이 일은 우리가 결심한다고 하루아침에 가능하지가 않다. 남과 북이 서로 신뢰관계를 구축하기 위해 긴 시간 동안 꾸준히 노력해야만 가능하다. 이렇게 볼 때, 우리에게 통일을 단축해서 이룰 특별한 묘안은 없어 보인다. 평화정착을 향한 꾸준한 노력만이 분단을 해소하고 우리를 통일로 인도할 것이다.

분단비용, 얼마나 되나?

분단이 왜 나쁜데요? 다소 어처구니없게 느껴질 수도 있는 이 물음에 대해서 생각해보자. 하나의 공동체로 살던 사람들을 강제로 땅을 반으로 나눠 통행을 금지하고 서로 적대하며 지내도록 한 것이 분단이니 굳이 그 나쁜 점을 따로 설명할 필요는 없다. 그러나 제2장에서 살펴본 것처럼 분단체제 아래서 태어나서 성장한 젊은 세대는 분단이 얼마나 불편한 것인지 실감하지 못할 수 있다. 그래서 우리가 분단 때문에 받는 손해와 고통이 얼마나 큰지 잘 살펴볼 필요가 있다.

우리가 분단으로 인해서 치르는 부정적인 대가를 분단비용이라고 한다. 즉, 남북이 갈라지지 않았다면 발생하지 않았을 손실이나 고통이 분단비용이다. 그동안 누적된 분단비용은 엄청나다. 흔히 우리가 통일을 위해 지출해야 하는 부담을 통일비용이라고 하며 그 막대함을 말하지만, 지금 우리가 치르고 있는 분단비용은 통일비용에 비할 수 없을 만큼 우리의 삶에 직접 부정적인 영향을 주고 있다.

우리가 쉽게 생각할 수 있는 분단비용은 북한의 침략에 대비해서 지출하는 국방비다. 국방비가 정상적인 상황과 비교할 때 과다하게 지출되고 있음은 두말할 나위가 없다. 2012년에만 우리나라는 약 33조 원의 국방비를 쓰는데, 이는 국가 전체 예산의 10%를 웃도는 규모다. 만약 남북평화가 이루어져 국방비를 20%만 줄일 수 있다면, 정부는 대학생 반값 등록금 실현에 필요한 비용 6조 원보다도 더 많은 돈을 국방비에서 아끼는 셈이다. 그런데 우리는 이렇게 막대한 국방비를 지출하고도 남북간 갈등과 분쟁이 발생할 때마다 추가로 천문학적인 비용을 지출해왔다. 비근하게 2010년에 터진 천안함 사태와 북한의 연평도 포격사건으로 입은 인명피해와 물적피해만 해도 엄청나다.

여기에 남북대결로 인해 한반도 정세가 악화되면서 한국 경제가 입는 부정적 피해를 뜻하는 한반도 리스크Korea Risk도 매우 크다. 2011년 말 현재 우리나라의 대외채무가 3984억 달러라고 하는데, 만약 한반도 정세가 불안해져 국제채권시장에서 우리나라의 채권 금리가 0.1%만 올라도 우리나라는 연간 4억 달러의 이자를 추가로 지출해야 한다.

우리 눈에는 보이지 않으나 이보다 더 막대한 분단비용도 있다. 제3장에서 살펴보았듯이 분단으로 인해 대한민국이 북쪽으로 터져있는 육지를 통해 대륙으로 뻗어나가며 성장할 수 있는 기회를 박탈당한 것은 상상하기 어려울 정도로 커다란 분단비용의 지출이다.

무형의 분단비용으로 대표적인 것은 분단이 우리의 민주주의

북, 연평도에 해안포 공격

발전을 가로막아왔다는 사실이다. 과거 독재정권은 독재를 더 강화하거나 정권이 위기에 처했을 때 이를 회피하는 방법으로 남북대결 상황을 악용했다. 예컨대, 박정희 대통령은 자신의 장기독재체제를 만들기 위해 1972년 10월에 비상계엄령을 발동하고 폭압적인 유신체제를 출범시켰는데, 이때 명분이 통일시대에 대비한다는 것이었다. 그는 유신체제를 만들겠다는 특별선언을 발표하면서 '통일'이라는 말을 18번이나 사용했다. 전두환 정권은 1986년에 반독재 민주화의 열기로 위기에 처하자, 국민들의 안보심리를 자극하여 위기를 돌파하기 위해 '평화의 댐' 사건을 조작까지 했다. 전두환 정권은 북한이 저수량 200억 톤의 금강산댐 건설을 계획하고 있으며, 북한이 유사시에 이 댐을 폭파하여 서울을 물바다로 만들기 위한 수공水攻 작전을 쓸 수 있다며 국민을 공포로 몰아갔다. 이때 언론사들은 북한의 '음흉한

홍계'에 대비하자며 1987년까지 수백억 원의 국민성금을 모았다. 당시 1700억 원의 돈을 들여 대항 댐으로 '평화의 댐'을 건설했다. 이때부터 정부가 금강산댐의 저수량을 과장·왜곡했다는 지적이 끊이지 않았다. 결국 2003년경에 완성된 금강산댐의 최대저수량을 측정해보니 소양강 댐보다도 3억 톤이 적은 26억 톤 정도로 밝혀졌다.

한편 분단은 종종 민주주의 본령인 선거에서 원래 국민의 뜻과 다른 결과를 만들어내거나 선거 이슈를 왜곡시키는 부작용을 낳기도 했다. 예를 들면, 1987년 11월 29일 13대 대통령선거를 10여 일 앞두고 북한공작원 김현희 등에 의해서 저질러진 대한항공 폭발사고는 선거에 막대한 영향을 끼쳤다. 북한테러에 의해 100여 명의 우리 국민을 태운 국적기가 공중폭발하자 국민들은 북한에 대한 분노로 들끓었으며, 이런 분위기는 유권자의 안보심리를 자극해 여당 대통령후보에게 표가 쏠리도록 했다. 1996년 4월에는 남한에서 국회의원 총선거를 불과 20여 일 앞두고 북한이 비무장지대 유지관리 임무의 포기를 선언하며 무장한 인민군을 갑자기 판문점에 진입시켰다. 이 사건은 국내에 급격하게 '전쟁위기론'을 확산시켰으며, 이를 기회로 청와대 인사의 거액 뇌물 수뢰 스캔들로 선거 참패 위기에 직면해 있던 여당이 선거이슈를 부정부패에서 전쟁위기로 바꾸어 오히려 선거에서 승리하는 아이러니를 연출했다. 이처럼 북한이라는 요소가 국내 정치 과정에 개입하면서 남한사회는 민의가 왜곡되고 민주주의가 지체되는 경험을 수없이 해왔다. 우리가 치러온 이 대가 역시 분단비용인 셈이다.

우리가 분단으로 치르는 비용은 사회 곳곳에 있다. 1000만 이산가족*의 생이별은 분단의 세월이 길어지면서 실향민 1세대가 대부분 사망하여 더이상 얘깃거리도 안 되고 있다. 그러나 고향을 꿈에서나 찾다가 끝내 세상을 떠난 수백만 실향민의 한과 가족상봉의 희망마저 포기한 수십만 명의 생존 이산가족의 절망만큼 큰 분단비용도 없을 것이다. 서해 북방한계선NLL과 휴전선에서 남북간 군사적 긴장이 조금만 고조되어도 자식을 군대에 보낸 부모의 마음은 좌불안석이 되고, 군입대 적령기에 들어선 자식을 둔 부모 역시 불안한 마음을 감추지 못한다. 그것이 오늘 우리들의 척박한 삶의 모습이다. 남북의 화해가 이루어지 않으면 두고두고 치러야 할 분단비용이 이것이다.

분단은 심지어 우리의 언어 사용도 제한하고 있다. 자주나 주체는 우리 공동체의 가치를 나타내는 좋은 말들이지만 북한이 자주노선을 제창하고 주체사상을 주장하면서 이 단어들을 쓰면 '친북좌파'라는 말을 들을까봐 겁을 내고 몸을 사린다. 조선이라는 말은 분단으로 반쯤 불구가 된 말이다. 1910년까지 이 땅을 통치한 왕조가 조선이지만 북한의 국가 명칭도 조선(조선민주주의인민공화국의 줄임말)이다. 그런데 우리는 북한의 정식명칭인 조선을 쓰기를 꺼려한다. 북한도 유엔에 가입*한 주권국가지만 북한을 조선이라고 부르면 국가보안법에 걸릴 것 같은 기

이산가족: 남북으로 흩어져 살고 있는 가족을 말한다. 분단과 한국전쟁으로 인해 수백만명의 이산가족이 발생한 것으로 추산된다. 이들은 휴전선으로 인해 헤어진 가족과 반세기 넘게 만나지 못하고 있다. 이들 이산가족을 위해 남북 당국은 1985년에 최초로 소수 이산가족의 상봉을 실현시켰다. 이후 2000년 6월 김대중 대통령과 김정일 국방위원장 간 정상회담을 거쳐 역사적인 6·15공동성명이 발표된 이후 이산가족의 상봉은 크게 늘어났다. 그러나 상봉실현 가족 수는 상봉을 원하는 이산가족에 비해 매우 낮은 비중에 머무르고 있다. 그나마 이명박정부 들어서서 남북관계가 악화되자 상봉실현 숫자가 급격히 줄어들었다.

남북한 유엔 가입: 1991년 9월 18일 남한과 북한이 동시에 유엔 회원국으로 가입했다. 애초에 남한정부가 북한에 유엔동시가입을 제안했을 때 북한정부는 '두 개의 조선'을 인정하는 것이라며 반대했다. 그러나 소련과 중국 등이 남한의 입장에 동조하면서 북한도 유엔 동시가입으로 입장을 바꾸었다. 그래서 같이 가입신청서를 제출했고 안전보장이사회에서 통과돼 유엔 가입국이 됐다.

분이고 사람들로부터 '친북좌파' 혹은 '종북주의자'로 매도당할 것 같은 느낌이다. 그러다 보니 우리가 조선이라는 말을 쓸 때는 자신도 모르게 왕조시대의 조선임을 분명히 하려고 한다.

이밖에도 분단은 민족적 차원에서 남북 주민 간 이질화를 심화시키고, 체제경쟁을 통해 민족의 역량을 낭비케 함으로써 남북공동번영으로 얻을 수 있는 이익들을 빼앗고 있다. 또한 분단은 평화적이고 자주적이며 자유롭게 살아야 할 우리 민족의 삶을 제약해왔다. 남북한에 적대적인 대결구도가 만들어지고 이 때문에 남에서는 '좌파'가 북쪽에서는 '우파'가 배척된 이념적 관용이 매우 적은 사회들이 돼버린 것이다. 남과 북 모두에서 자유와 민주주의는 억압되고 자유롭고 창의적인 삶이 제약당했다.

분단은 우리 민족 구성원의 도덕성을 마비시키는 작용도 해왔다. 분단은 형제간에 증오와 대결을 부추겨오면서 민족 전체의 정신적 불구화를 초래했다. 그리고 이러한 형제간의 증오에 편승해서 친일세력이 재등장할 수 있는 밑받침 역할을 했다. 특히 친일세력의 경우, 반공을 기치로 소생하여 절개와 주권이라는 도덕적 대의명분을 중시하는 우리민족 고유의 정의 관념을 파괴하고 자신의 이기적 이해를 충족시키기 위해서는 얼마든지 표변할 수 있는 기회주의 문화를 사회 저변에 양산시켰다.

분단은 이처럼 우리로 하여금 다양한 분야에서 많은 비용을 치르게 하고 있다. 이를 해소하지 않고는 우리가 제대로 된 삶을 영위하기 어려울 정도로 분단비용은 막대하다.

그렇다면 어떻게 분단비용을 줄여나갈 것인가? 분단 극복과 평화를 향해 가는 것이다. 분단이 지속되는 한 이 비용은 불가피하게 지출된다. 분단을 극복하고 평화통일로 가야만 이 비용을 줄여갈 수 있다. 완전한 분단의 해소는 이 비용이 제로 상태가 되는 것이며, 그것은 곧 통일 실현을 의미한다. 따라서 분단을 해소하고 통일의 길로 나아가는 것이야말로 우리 민족이 진정 해방되고, 세계 공동체의 정당한 일원으로 행복과 번영을 누리고 떳떳하게 살아가는 길이다.

무엇이 통일인가?

통일은 단순히 학문적 차원을 넘어서 민족 전체가 공유하며 사용하는 용어다. 그래서 누구나 통일을 자유롭게 말한다. 그러나 우리에게 통일이 무엇인지 제대로 합의된 인식이 있는 것 같지는 않다. 따라서 통일을 논하기 위해서는 먼저 자신이 생각하는 통일의 개념과 내용부터 분명히 할 필요가 있다.

통일에 대한 개념규정은 사람마다 조금씩 다를 수 있다. 그러나 대체로 우리는 통일을 '우리 민족이 서로 적대적이고 상이한 체제를 지닌 두 개의 국가 속에서 살고 있는 현재의 상태를 극복하고, 하나의 민족국가 속에서 하나의 민족공동체를 형성하면서 살아가는 상태'로 규정할 수 있을 것 같다. 물론 이러한 통일은 단순히 분단 이전 상태로 돌아가는 것이 아니다. 그것은 서로 다른 역사의 길을 걸어온 남북한이 새로운 조건과 상황에서 다시 하나의 사회가 되는 창조적인 작업이다.

우리는 분단을 살펴보면서 그것이 여러 겹으로 굳어졌음을 알았다. 그렇다면 분단의 해소를 의미하는 통일은 바로 이 여러 겹의 분단을 해체시키고 녹여내야 가능할 것이다. 이런 맥락에서 통일은 지리적으로 분단된 국토가 하나 되는 것만을 의미하지는 않는다. 비록 분단은 국토가 갈라지는 것으로 시작되었지만, 우리는 지난 반세기 이상 남과 북이 대립하고 갈등하는 과정에서 지리적 분단보다 더 심각한 정치적, 문화적, 심리적 분단 속에 살았다. 정치적으로 남과 북은 서로 적대적인 두 개의 국가로 나뉘어졌고, 체제는 자유민주체제와 공산체제로 갈라져서 살아왔다. 이 과정에서 수천 년 동안 한 핏줄로 지내온 남과 북의 사람들은 서로를 미워하고 적대하는 문화와 심리를 가지게 되었으니, 어찌 이것이 국토의 통일로만 해결될 수 있겠는가?

그래서 통일은 정치적으로 대립되었던 제도를 하나로 만드는 것이고, 경제적으로 서로 다른 체제를 하나로 거듭나게 하는 것이며, 이질화된 문화를 하나로 다시 탄생시키는 것이라고 할 수 있다. 그리고 궁극적으로 남북의 주민이 심리적으로 '우리는 같은 국민'이라고 느끼게 되는 것이 통일이다. 결국 통일은 모든 방면에서 남북의 주민이 하나의 삶의 양식과 정신문명을 공유하는 것이다.

그러나 이처럼 완전한 통일은 궁극적인 통일 모형일 뿐이다. 현실에서는 완전한 통일로 가는 과정에서 상당 기간 동안 그보다 낮은 수준의 통합력을 지닌 남북 결합체가 형성될 가능성이 높다. 그러나 이것 역시 통일국가로 보아야 한다. 사실 통일국가의 상태를 '실현되었다'와 '실현되지 않았다'의 이분법으로 나누어 보기는 어렵다. 오히려 통일을 이분법적 개념이 아니라 '몇 % 달성되었다'는 식으로 지속적인 발전과 변화의 차원에서 파악하는 것이 더 합리적이다. 이렇게 보면, 남과 북이 적대적 대결상태를 종식하고 평화를 정착시켜서 서로의 체제를 인정한 위에서 연합국가(즉, 남북연합)를 형성했을 때 우리는 그것을 낮은 단계의 통일로 볼 수 있다.

통일로 가는 과정은 전략적으로 설계를 해도 그대로 실현될지는 미지수다. 그러나 전략적 설계도가 있어야 전쟁과 혼란을 막고 평화와 번영, 안정이 보장되는 통일과정을 목적의식적으로 추구할 수 있다. 남한사회가 공유하고 있는 목적의식적인 통일의 경로는 남북 화해협력의 실현→남북연합→단일국가 형성의 3단계로 이루어져 있다.

통일의 경로를 이렇게 3단계로 나눌 경우 남북 화해협력의 단계는 남북이 긴장과 대결상태에서 벗어나 평화를 증진하고 공동이익을 키워나가는 시기를 일컫는다. 이 단계에서 남북관계는 정치·경제·사회·문화 등 여러 방면에서 교류와 협력이 증

대해 남북간에 평화가 제도적으로 정착하는 상황으로 나아갈 것으로 전망된다.

통일로 가기 위해서는 남북간에 반드시 화해협력과 평화정착이 우선되어야 한다. 전쟁을 통한 통일 말고는, 남북이 군사적 대결상태를 유지하며 상호협력을 외면한 상태에서 가능한 통일은 없다. 화해협력이 이루어지고 평화가 증진되어야 남북한간의 적대성을 소멸할 수 있고 남북의 이질성도 극복할 수 있다. 그래야 남북한간에 두터운 연계가 이루어지고 민족공동체가 자연스럽게 복원될 수 있다. 이 단계에 이르면, 설령 남북한이 별개의 국가를 유지한다고 하더라도, 서로 오가며 돕고 나누는 '사실상 통일' 상태로 진입하기 시작하는 것이다.

다음으로 남북연합은, 남북한이 각각 대외적으로 독립적인 국가로서 주권을 보유하고 정치 · 경제 · 군사 · 외교 등에서 그 권리를 행사하되, 느슨한 통일국가, 즉 연합국가를 만들어 현재의 공동발전과 미래의 보다 완성된 통일국가 형성을 위해 협력하며 통합력을 높여가는 과도기적 통합체제다. 이러한 남북연합은 화해협력 단계에서 남북간 평화가 정착되고 교류협력이 심화되면 가능해질 것이다. 이 남북연합 시기를 넓은 의미에서 통일단계로 볼 수 있다.

한편 북한은 우리와 달리 남북연방제에 기초해서 통일을 하자고 한다. 북한이 주장하는 연방제란 남과 북의 사상과 제도는 그대로 두되, 국방권과 외교권 등 주권사항을 하나로 합쳐

통일국가를 만들자는 것이다. 이는 남한의 연합제 방안에 비해 훨씬 통합력이 강한 방안이다. 그래서 이 연방제에 대해서는 남과 북이 오랫동안 적대적으로 살아온 상태에서 이런 방안이 현실적으로 가능하겠느냐는 회의론과 사실상 적화통일론이 아니냐는 주장까지 다양한 비판이 제기됐다. 그런데 북한은 2000년 6월 남북정상회담에서 합의한 6·15공동선언을 통해 기존의 연방제를 '낮은 단계의 연방제'라는 말로 고쳐 남측의 연합제와 공통점이 있다고 했다. 이는 연방제의 문제점을 지적한 김대중 대통령의 말에 김정일 국방위원장이 동의한 데 따른 것이다. 따라서 앞으로 통일 논의를 본격화할 경우 북한은 기존의 연방제를 수정한 남북연합에 가까운 새로운 방안을 들고 나올 가능성이 높아졌다.

이러한 남북연합 단계가 발전하면서 남북이 합의를 통해 법률적·제도적으로 하나의 국가로 합쳐지면 마지막 단계인 통일된 하나의 국가가 탄생하는 것이다.

많은 사람들이 통일이 빨리 오기를 고대하지만 여러 측면을 고려할 때, 우리는 통일을 보다 장기적인 관점에서 바라보고 준비할 필요가 있다. 남북한은 70년 가까운 세월을 적대적 갈등 속에 각각 대조적인 두 체제를 형성하며 상이한 문화와 정서 속에서 살아왔다. 이러한 사실은 우리가 통일로 나아가기 위해서는 각 분야에서 이질성과 적대성을 해소하기 위해 보다 진지한 노력을 해야 한다는 것을 뜻한다. 통일을 위한 여건 조성이 필요한 것이다. 그리고 이러한 이질성의 극복은 단순히 언어, 문화 등에서 생겨난 차이를 좁히는 것만이 아니라, 정치와 사회 각 방면에서 그동안 남북대결을 부추겨온 여러 냉전적 요소들을 해체시키는 노력도 동시에 이루어져야 가능하다.

통일국가는 어떤 모습일까?

우리에게 통일이 어떤 모습으로 다가올지 누구도 단정적으로 예측하기는 어렵다. 그렇지만 통일이 전쟁이라는 폭력적 방식이 아니라 평화적으로 이루어진다면 시장경제에 기초한 '어떤 민주주의 사회'라는 형태로 올 것이라는 점은 분명하다. 이렇게 예측하는 이유는 다음과 같다.

한반도에 분단을 가져오고 그동안 남북한 대결의 원인이 된 것은 이념이었다. 남한의 자본주의적 생활양식과 북한의 사회주의적 생활양식은 서로 대립했다. 그러나 사회주의의 몰락이 한반도에서도 이 이념적 대립구도를 무너뜨리고 있다. 사회주의는 자본주의의 반명제로 등장하여 제2차 세계대전 후에 하나의 진영을 이루면서 자본주의 진영과 대결했다. 그러나 20세기 말에 발생한 사회주의의 몰락은 인류의 삶을 시장경제로 상징되는 자본주의적 방식으로 단일화시켰다. 이제 지구상에는 더이상 '진영으로서 사회주의'나 '시장으로서 사회주의'는 존재하지 않는다.

바로 이런 상황에서 북한은 경제난으로 체제위기에 빠졌다. 북한은 생존을 위해 외부에 지원을 요청해야 한다. 그런데 이미 살펴본 것처럼 사회주의권은 몰락하고, 북한이 의지해온 사회주의 국제시장은 사라진 상태다. 중국도 시장경제를 추구하며 자본주의 경제권으로 들어갔다. 그러나 이제 북한이 지원을 요청해야 하는 곳은 다름 아닌 자본주의 국제시장이다. 이미 북한 지도부도 1990년대에 들어서면서 대외무역에서 더 이상 사회주의시장이 존재하지 않음을 인정하고 자본주의 시장을 상대로 한 무역정책으로의 전환이 불가피하다는 것도 인정했다. 이러한 사실은 북한이 사회주의적 경제방식을 고수하면서 국가를 재건하기는 사실상 불가능하다는 것을 말해준다.

결국 긴 역사적 관점에서 볼 때, 북한은 생존을 위해 궁극적으로 사회주의적 삶을 포기하고 시장경제에 기초한 삶을 택할 수밖에 없을 것이다. 북한은 살아남기 위해서 그들이 원하든 원하지 않든 상관없이 시장경제체제로 성공적인 편입을 해야 한다. 북한이 오늘의 위기를 극복한다면, 미래의 그 모습은 시장경제에 기초한 '그 어떤 사회'일 것이다.

여기서 우리는 통일문제와 관련해서 중요한 시사점을 발견할 수 있다. 우리가 전쟁을 피해서 통일의 길에 이른다면, 그것은 시장경제에 기초한 통일이 될 것이며 그 정치적 양식은 기본적으로 넓은 뜻에서 자유민주주의의 범위 안에 있는 '어떤 민주주의'가 되리라는 것이다. 이러한 전망은 우리에게 통일 그 자체의 실현에 급급하기보다는 분단 상황을 평화적으로 관리하며, 나아가 그 바탕 위에서 통일을 추구하는 것이 바람직하다는 것을 말해주고 있다.

한편 국가건설의 관점에서 보면 통일은 우리 민족사상 최초로 근대적 의미의 단일 민족국가를 건설하는 것이기도 하다. 우리는 흔히 통일을 민족공동체의 복원이라고 표현한다. 그러나 이는 틀린 말이다. 사실 역사적으로 남과 북은 오랫동안 하나의 민족으로 살아왔지만, 근대적 의미의 민족국가를 형성해보지는 못했다. 그러다 보니 '통일은 과거에 존재했던 공동체를 복원하는 것이 아니라 새로운 민족공동체를 건설하는 일'이 되었다. 즉, 우리는 통일을 '분열되었던 민족국가의 복원'이라고 규정하지만 실제는 이와 다르다. 우리 민족은 민족, 민족주의, 민족국가 형성 과정에서 상당히 특수한 과정을 밟으면서 오늘에 이르렀다. 우리 민족은 '민족이 민족주의를 만드는 것이 아니라 민족주의가 민족을 만든다'는 서구의 일반적인 민족논의와는 달리 혈연, 언어 등 보편적인 민족 구성 조건에 거의 완벽하게 맞아떨어지는 민족이 형성된 뒤에 19세기 말에 가서야 민족주의가 싹트기 시작했다. 그러나 민족주의를 실현한 민족국가를 건설해보기도 전에 일제식민지로 전락했다. 그리하여 민족은 있으되 국가가 없는 식민지 상황에서 민족주의가 강렬하게 성장했다. 그리고 해방과 동시에 분단을 맞으면서 하나의 민족인 남북한은 적대적인 서로 다른 체제로 발전해왔다. 결국 장구한 역사성을 지닌 민족과 강렬한 의식을 지닌 민족주의는 존재했으나 그것이 아직까지 하나의 민족국가 건설의 경험으로 이어지지 못하고 있는 것이다.

따라서 우리 민족에게 주어진 궁극적인 과제는 분단민족에서 통일된 하나의 민족으로 전환하는 것이다. 즉, 단순히 혈연, 언어의 공통성을 넘어서 어떻게 단일한 공통의 내적 삶의 구조와 의식을 만들어나갈 것인가 하는 점이 과제다. 이렇게 볼 때, 우리는 통일을 단순히 혈족 결합으로 볼 것이 아니라 새로운 민족국가건설 프로젝트로서 바라보고 계획할 필요가 있다. 바로 이러한 사실 때문에 우리에게 통일국가는 '복원'보다는 '창조'의 측면이 강하다고 할 수 있다. 어쩌면 우리는 언어와 혈통의 단일성이 주는 신비한 힘에 이끌려 '상상 속의 민족공동체'를 이미 역사 속에 존재했던 것처럼 착각하고 있는지도 모른다. 그러나 이 '상상 속의 민족공동체'는 우리가 이미 건설한 경험이 있는 공동체가 아니라 우리가 건설해야 할 공동체라는 점을 분명히 인식해야 한다. 근대적인 단일 민족국가 건설의 경험을 공유하고 있던 동서독의 경우보다도 우리의 통일에는 더 많은 어려움이 앞에 있다.

통일을 보는 눈

제5장

북한과 남북관계에 대한
합리적인 인식을 위하여

우리는 북한문제나 남북관계를 대할 때 사리를 잘 따져서 합리적으로 판단하고 인식한다고 믿고 있다. 그러나 특정한 이념에 사로잡히거나 선입견으로 인해 비합리적인 명제나 주장을 당연하다고 믿는 경우도 적지 않다.

　김정일 국방위원장 사망 당시 이명박정부의 조의 표시 태도를 예로 들어보자. 2011년 12월 이명박정부는 김정일 국방위원장의 사망에 직면하여 "북한 주민에게"라며 조의를 표시했다. 이때 언론이 왜 김정일 국방위원장의 유족이 아니라 북한 주민에게 조의를 표시했느냐고 묻자 정부는 북한의 주민과 정권을 분리하기 위해서라고 대답했다. 얼핏 보면 그럴듯한 논리로 보이지만 조금만 깊이 생각해보면 너무 황당한 답변이라는 것을 알 수 있다. 조의 표시는 상주에게 하는 것이다. 그렇다면 정부가 북한 주민에게 조의를 표했다는 것은 김정일 위원장의 사망에 즈음하여 북한 주민을 상주로 간주했다는 뜻이다. 이명박정부가 북한 주민과 정권을 분리하려 했다면 김정일 국방위원장 유가족과 북한 권력층에게 조의를 표시했어야 옳았다. 그러나 엉뚱하게도 북한 주민에게 조의를 표함으로써 의도했던 바의 반대 행위를 하고 말았다.

왜 이런 자가당착이 벌어지는 걸까? 그것은 정부가 김정일 위원장의 유족이나 북한 지도부에 위로를 표시하는 것이 마치 북한정권의 정당성을 인정하는 것처럼 비춰질까봐 그랬을 것이다. 정부 안팎에 포진해 있는 대북강경세력의 비판이 두려웠는지도 모른다. 결국 감성이 상식에 앞서면서 발생한 부적절한 꼼수였던 것이다.

이명박정부 아래서 종종 북한급변사태에 대한 정부 관리들의

북한을 방문해 김정일 사망에 조의를 표하는 고 김대중 전 대통령 부인 이희호 여사. 당시 정부는 공식 조문단을 보내지 않고 민간 차원의 일부 조문만 허용했다.

제5장
북한과 남북관계에
대한 합리적인
인식을 위하여

발언이 언론에 공개되곤 했다. 과연 합리적인 행동일까?

만약에 어떤 정부가 북한과 상생 공영을 주장하면서 다른 한편으로는 공공연히 북한급변사태에 대비하자고 한다면 그것은 자기모순이다. 국가안보 차원에서 북한급변사태의 가능성이 단 1%만 있더라도 정부는 마땅히 대응책을 준비해야 한다. 그러나 북한과 평화 증진을 모색하고 상생 협력을 추구하는 것을 목표로 한다면, 만약을 대비한 준비는 비공개적으로 하는 것이 상식이다. 그렇지 않고 북한이 망할지도 모르니 그때를 대비하기 위해 협의하고 함께 연구하자고 국내외적으로 공개적으로 주장한다면, 북한이 남한의 의도를 의심하고 대화도 하려 하지 않을 것이다. 이는 대화 상대방 앞에서는 상생협력을 하자고 말하면서 뒷마당에서는 공공연하게 그의 관棺을 짜는 것을 보여주는 것이나 다름없는 행동이다. 결국 정부당국자들이 '북한급변사태' 문제를 공개 발언하는 것은 국익에 하등 도움이 되지 않고 오히려 해가 되는 행동인 것이다.

우리가 흔히 쓰는 통미봉남通美封南이라는 말에도 비합리성이 녹아 있다. 북한이 미국과의 관계를 개선하면서 남북대화를 기피하는 일이 발생할 때마다 우리는 통미봉남이라는 말을 자주 듣는다. 통미봉남이란 북한이 미국과 통하며 남한을 봉쇄하려 한다는 뜻이다. 예를 들어 북한이 북핵문제를 풀기 위해 북미회담을 추진하면서도 남북대화를 기피하고 남한과 핵문제를 논의하려 하지 않을 때 이런 말을 쓴다. 그래서 전문가들은 북한이 통미봉남 전략을 쓴다고 여겨질 때마다 북한이 미국과 통하면서 한국을 소외시키려 한다며 걱정을 태산같이 한다. 그러나 통미봉남은 그다지 신뢰할만한 말이 아니다.

통미봉남은 남한의 일부 전문가들이 만들어낸 것이지 북한이 사용하는 말이 아니다. 사실 우리는 북한이 미국과 대화할 때 의도적으로 통미봉남이라는 전략을 시도하는지도 정확히 알지 못한다. 다만 북한이 북미대화에 적극 관심을 보이면서도 남북대화를 피하려 하는 것을 보고 그렇게 판단하는 것이다. 그렇지만 북한이 실제로 통미봉남할 의지를 지니고 있다 하더라도 관건은 북한에게 그럴 능력이 있느냐는 것이다. 어떤 정책이든 그것이 현실에서 영향력을 발휘하려면 알맞은 수단을 가지고 있어야 한다. 주관적 의지가 있다고 해서 현실에서 힘을 발휘하는 것은 아니다. 이런 맥락에서 보면 북한은 통미봉남할 능력을 갖추지 못했다. 따라서 북한의 통미봉남은 현실에서 가능하지 않다.

현재 한미간에는 매년 1000억 달러에 육박하는 교역이 이루어지고 수백만 명의 양국 국민이 내왕하고 있으며 공고한 군사동맹을 맺고 있다. 또한 미국의 대북정책은 철저하게 한미공조 아래 이루어져왔다. 반면에 북한과 미국은 공식적으로 교역이 전혀 없으며, 인적 교류도 극히 제한된 범위에서 이루어지고 있다. 양국 간에는 외교 관계조차 수립되지 않았으며, 군사적으로는 적대관계에 있다. 북한의 핵개발, 장거리 미사일 개발 문제 등으로 북미관계는 그야말로 긴장과 대결의 연속이었다. 미국 국민이나 지도자들의 북한에 대한 혐오감정은 남한의 대다수 국민이 우려할 정도로 깊다.

객관적인 상황이 이런데 북한이 무슨 재주로 통미봉남을 할 수 있을까? 북한이 미국과의 관계를 개선하면서 남한과 대화를 하려 하지 않는다고 해도 그것이 한미관계를 약화시키거나 한국 외교에 중대한 위협이 되지는 못한다. 사실 남한은 이미 러시아, 중국과 국교를 정상화했다. 이들 나라는 모두 냉전 시기 북한과 정치군사적으로 동맹국이었다. 따라서 따지자면 남한의 동맹인 미국도 북한과 관계정상화를 했어야 하나 아직 실현되지 않고 있다. 이것이 한반도의 정세를 불안하게 하는 한 요인이 되고 있어서 한반도 정세 안정을 위해서는 오히려 남한이 북미관계의 개선을 권유해야 하는 처지다.

문제는 북한이 남한과의 대화를 기피하면서 미국과 대화하려는 행태를 종종 보이는 것인데, 이는 분명히 기분 좋은 일은 아니다. 그러나 그때마다 우리가 통미봉남을 우려하며 예민한 반응을 보이는 것도 바람직하지 않다. 어차피 통미봉남은 가능한 일이 아닌데 말이다. 우리가 북한이 할 수 없는 것을 마치 할 수 있는 것처럼 인식하며 걱정하는 것이 오히려 문제일 수 있다. 따라서 북미대화에 통미봉남이라며 비합리적이고 감성적 반응을 보이기보다 북한이 남북대화도 병행할 수 있도록 조용하게 유도하는 것이 더 현명한 방법일 것이다.

한편 북한 핵문제를 풀어가는 데도 비합리적 요소가 크게 보인다. '북핵 우선론'이 그것이다. 이명박정부는 북핵문제에 진전이 있어야 남북관계를 개선할 수 있다며 핵문제를 우선하는 대북정책을 폈다. 그러나 이 정책은 북핵문제와 남북관계를 풀어가는 우선순위를 잘못 설정했다. 그 이유는 다음과 같다.

우리가 살고 있는 한반도의 안보 위협구조는 두 겹으로 되어 있다. 즉, 한반도의 평화를 위협하는 요소는 핵문제처럼 남북한뿐만 아니라 미국, 중국, 일본, 러시아 등도 당사자인 글로벌 이슈와 남북간의 적대적·군사적 대결관계와 같은 전통적인 이슈로 나뉘어져 있다. 그리고 이 요소들은 서로 영향을 미치면서도 어느 정도 독립적으로 존재하면서 한반도를 위험에 빠뜨리고 있다. 따라서 어느 하나를 해결한다고 해서 다른 것이 저절로 해결되는 상황이 아니다. 이러한 사실은 북핵문제가 해결된다 해도 한반도 안보를 위협하는 중요한 외피 하나가 벗겨진 것일 뿐, 남북대결이라는 전통적인 안보위협 상태는 여전히 남는다는 것을 의미한다. 다시 말해서 북핵문제와 상관없이 남북간 군사적 긴장이 얼마든지 물리적 충돌로 이어질 수 있다는 얘기다.

실제로 우리는 2010년에 발생한 천안함 사태와 북한군의 연평도 포격사태를 통해 북핵문제와 상관없이 남북간 대결로 인해 한반도 정세가 얼마나 불안해질 수 있는지 경험했다. 사실 이명박정부가 2008년부터 핵문제 해결을 모든 안보문제에 우선시하는 정책을 폈지만 오히려 북한의 2차 핵실험(2009년 5월),

북한의 농축우라늄 공장 건설과 공개(2010년) 등 북한의 핵 능
력은 오히려 강화된 대신에 남북관계만 악화되는 결과를 낳았
다. 이러한 사실은 한반도 평화를 위해서는 북핵이나 남북대
결 중 특정한 위협요소가 우선적으로 제거되어야 하는 것이 아
니라 두 요소의 해결 노력이 동시에 이루어져야 한다는 사실을
깨닫게 해준다. 다시 말해서 남북관계의 개선을 통해서 북한을
설득하여 북핵문제를 진전시키고, 북핵문제의 개선으로 남북
관계 발전에도 긍정적인 영향을 미치는 선순환적인 병행전략이
합리적이다.

천안함, 한국사회의 합리성을 시험하다

2010년 3월, 백령도 서남해상에서 우리의 해군 함정인 천안함이
침몰하여 46명의 젊은 장병이 목숨을 잃는 사건이 발생했다. 온
나라가 충격에 빠졌다. 사건을 수습하는 과정에서 정부는 허둥
대며 위기상황에 제대로 대처하지 못했으며, 배가 두 동강이 나
고 많은 사람이 희생되었는데도 침몰의 원인조차 밝히지 못했
다. 이 사건은 북한문제와 관련한 비합리적인 주장이 우리사회
에서 얼마나 활개를 치고 있는지, 그리고 그것이 국민의식을 얼
마나 왜곡시키는지 생생하게 보여주는 사례였다.
　정부는 2010년 5월 20일 천안함 침몰의 원인이 북한 어뢰의

버블제트 공격이라는 조사 결과를 발표했다. 그러나 국내외 몇몇 과학자들이 직접 실험 혹은 이론적 분석을 통해 "천안함에서 발견된 소위 '흡착물'에 의한 폭발이라는 주장에 대해 발견된 것은 흡착물이 아니라 침전물이다"라며 정부 조사결과에 근본적인 의문을 제기하는 등 여러 의혹이 제기되었다. 이 의혹들 중 과학자들의 주장처럼 과학이나 논리적 분석에 근거한 '합리적인 의심'이 꽤 있었다. 여론조사 결과도 정부발표에 대해 국민의 32.5%만이 신뢰했으며 69.4%는 신뢰하지 않거나 반신반의한다고 대답했다.(서울대 통일평화연구소 '2010 통일의식 설문조사' 2010년 7월)

이처럼 국민 상당수가 정부발표를 불신하고 전문가들에 의해 '합리적 의심'이 제기되면, 정부가 제기된 의혹들에 대해서 성실하게 해명하거나 문제점을 인정하는 것이 도리일 텐데 정부는 그렇게 하지 않았다. 대신에 "북한이 안 했으면 누가 했겠느냐?"는 식으로 감정적인 반응을 보였다. 보수적인 언론을 중심으로 누군가 "북한이 천안함을 공격했을 것으로 보지 않는다"고 말하면 북한 편을 든다는 비난이 쏟아졌다. 그러나 이만큼 비합리적인 것도 없다. 북한이 천안함을 공격했을 가능성을 부정하는 사람은 거의 없다. 그러나 그 가능성이 '북한이 천안함을 공격했다'는 사실로 확정되기 위해서는 객관적인 입증이 필요하다. 즉, 북한이 천안함을 침몰시켰다는 사실관계를 증명해야 한다. 만약 이 증명이 불충분하면 사람들은 당연히 다른 판단을 할 수 있는 것이다.

　의당 의문을 제기하는 사람이 있으면 그에게 이유를 물어야
정상이다. 왜 천안함 침몰이 북한 소행이 아니라고 생각하는지
를 물어야 한다. 이런 사람들을 만나서 얘기를 들어보면 북한의
소행이 아닐 것이라고 판단하는 이유는 다양했다. 극소수지만
'북한이 같은 동족인 남한에 그런 만행을 저질렀겠느냐'고 생각
하는 이들이 있었다. 굳이 따지자면 북한 소행을 확신하는 사
람들이 볼 때 이들을 '친북'이라고 부를 수 있을 것이다. 그러나
그보다 더 많은 사람들은 '북한이 무슨 능력으로 미국조차도
아직 실전화하지 못한 버블제트 기술로 천안함을 파괴시킬 수
있느냐'며 고개를 가로저었다. 이들의 생각은 정부 당국자들도
수시로 북한이 곧 망할지 모른다고 전망하고 있는 경제·과학
후진국인 북한에게 그럴 능력이 없다는 것이다. 어떻게 따져봐
도 이들은 친북이 아니다. 또 다른 사람들은 이 사건이 한미연
합 군사훈련 기간 중에 이 훈련과 관련이 있는 해역에서 발생했
다는 점 때문에 의구심을 나타냈다. 한미연합 군사훈련 기간 중
에는 한국뿐만 아니라 미국의 최첨단 정보감시 장치가 작동했
을 텐데, 북한 잠수함이 북방한계선NLL 근처도 아니고 우리 영해
깊숙이 들어와서 숨어 있다가 어뢰 공격을 가했다는 것을 믿기
어렵다는 것이다. 우리의 군사능력에 누구보다도 신뢰를 보내
는 이들 역시 친북일 리 없다. 한편 그렇지 않아도 불안한 남북
관계가 더 악화되는 것이 싫다는 심리가 작동해 북한의 소행으

로 믿고 싶지 않아 하는 것 같은 사람들도 있었다.

이처럼 천안함 침몰원인을 북한 소행으로 보지 않는 사람들이 가진 이유는 다양하다. 하지만 안타깝게도 집권 여당과 보수언론은 이들을 무조건 '적대국가'인 북한을 두둔하는 '친북주의자'로 몰았다. 이유는 중요하지 않고 '북한 소행이냐 아니냐'의 택일만이 강요되는 비합리적인 상황이 한동안 계속되었다.

천안함 침몰이 김대중-노무현 정부가 10년 동안 폈던 대북포용정책 탓이라는 주장도 나왔는데, 이 역시 상식에 어긋난 억지부리기였다. 천안함이 북한 어뢰공격으로 침몰했다는 정부 조사결과가 발표되자 일부 신문에서는 "북한 어뢰가 햇볕정책 침몰시켰다", "천안함과 함께 침몰한 햇볕정책"이라는 제목의 기사를 내보냈다. 이 기사의 뜻은 이명박정부가 대화와 협력을 강조하는 햇볕정책을 폈다가 북한에게 당했으므로 이번 사건으로 햇볕정책이 얼마나 그릇된 정책인지 증명됐다는 것이다. 얼핏 그럴듯해 보이지만 터무니없는 주장이다. 이명박정부는 이미 2008년 2월 25일 출범하면서부터 햇볕정책의 계승을 거부했다. 굳이 표현하자면 이때 이명박정부가 햇볕정책을 침몰시킨 것이다. 이명박 대통령은 그 대신 '비핵개방 3000*'이라는 새로운 대북 강경책을 내놓았다. 그로부터 2년 1개월이 지나서 천안함 사태가 발생했다. 따라서 일부 언론의 논조대로 하자면 북한의 천안함 공격을 유발한 대북정책은 '비핵개방 3000'이라고 해야 맞다. 그들은 북한어뢰 공격으로 천안함과 함께 침몰한 정책은

비핵개방 3000: 이명박 정부의 대북정책 기조로 북한이 핵을 완전히 폐기하고 개방에 나서면 국민소득 3000달러가 되도록 지원하겠다는 내용이다.

제5장
북한과 남북관계에
대한 합리적인
인식을 위하여

햇볕정책이 아니라 이를 거부하고 대신 채택한 이명박정부의
'비핵개방 3000'이라고 해야 옳았다. 그럼에도 불구하고 이 엄
연한 사실을 부정하고 엉뚱하게 햇볕정책 탓을 한 것이다.

  천안함 침몰 원인에 관한 비합리적인 태도는 군에서도 나타
났다. 군은 천안함이 좌초나 기뢰가 아닌 북한 공격으로 침몰
되었다면 이는 취약한 국방 능력을 노출시킨 치욕적인 사건이
라 할 수 있는데도, 정부조사결과가 발표되기 전부터 이 사건
을 북한 소행으로 몰아붙였다. 뿐만 아니라 천안함 사태 이후
감사원에서 조사를 실시하여, 이 사건에 책임이 있다고 판단되
는 군 장성 등 25명을 징계하라고 요구했으나 국방부는 이들을

대부분 무혐의 처분하거나 솜방망이 징계를 내리는 데 그쳤다. 그나마 징계처분을 받은 인사들도 나중에 승진시키는 등 스스로 군 기강을 허물어뜨리는 이해할 수 없는 태도를 보였다.

천안함 사태는 북한문제를 선거에 이용하는 남한사회의 후진적인 행태 또한 잘 보여주었다. 정부 발표대로 천안함이 북한의 공격을 받아 침몰했다면 정부의 취약한 안보능력이 드러난 것이기 때문에 정부여당은 국민에게 사과하고 국방능력을 키우는 데 매진했어야 마땅하다. 그러나 '방귀 뀐 놈이 성 낸다'는 속담대로 정부와 여당은 다가온 6·2 지방선거에서 승리하기 위해 오히려 북풍을 일으켜 반대세력을 탄압할 빌미로 삼으려 했다. 야당이나 시민사회가 천안함을 침몰시킨 것도 아니고 북한과 공모를 한 것도 아닌데 말이다. 집권세력은 안보무능을 반성하기는커녕 오히려 상대를 '친북좌파'로 몰며 정치적 이득을 보고자 했다.

천안함 사태로 정부가 북한을 응징하기 위해 남북경협을 제한한 5·24조치를 단행했지만, 이 조치로 인해 우리 기업만 손해를 보는 엉뚱한 일도 일어났다. 5·24조치로 남북간 교역이 전면 금지되었고 개성공단에서의 기업 활동도 위축되었다. 정부는 이 조치로 2011년 한 해 동안 북한이 3억 달러의 경제적 손실을 입었다며 이 조치의 유효성을 강조했지만, 우리 기업들의 손해가 그보다 몇 배 더 컸다는 사실은 밝히지 않았다.

전문가 조사에 따르면 설문조사에 응한 104개의 남북경제협력 업체에서만 5·24조치로 4030여억 원의 피해가 발생했다고 한다.(노컷뉴스, 2011. 5. 24) 국회 외교통상통일위원장 산하 남북경협피해실태조사단이 작성한 '남북경협실태보고서'에 따르면 이명박 정부가 출범한 2008년부터 2010년까지 3년간 남북관계의 경색에 따른 남한의 직접적인 경제손실 추정액은 45억8734만 달러(약 4조8396억 원)였고, 북한의 손실은 8억8384만 달러(약 9324억 원)였다고 한다. 남한이 북한보다 5배가 넘는 손실을 보았다는 얘기다. 더욱이 남한의 경우 생산유발 효과, 부가가치 효과 등이 실현되지 않은 데 따른 간접손실이 124억7466만 달러(약 13조1608억 원)에 달했다고 한다.(한겨레, 2011 7. 26) 이러한 조사 결과는 5·24조치가 얼마나 손해막심한 것이었는지 보여준다.

실제로 5·24조치 이후 북한 기업들은 남한으로 수출하던 지하자원과 수산물의 행선지를 중국으로 바꾸었으며, 개성공단이 주춤거리는 사이 중국과 북한은 두 개의 공동개발 경제특구를 만들어 북한의 노동력·토지와 중국의 자본·기술을 결합하기 위한 사업에 착수했다. 그 결과 남한의 애꿎은 대북교역 업체들이 부도를 맞았고, 북한의 낮은 임금을 찾아 활로를 개척하고자 했던 남한의 기업들만 기회를 날리게 되었다. 결과적으로 정부는 5·24대북조치를 통해 우리 기업과 우리 경제에게 벌금을 부과한 셈인 것이다.

이처럼 천안함 사태는 발생에서 수습 과정, 조사결과, 대응에 이르기까지 비합리적이며 몰상식적인 일들로 점철되었다. 그래서 천안함 사태를 들여다보면 억지와 비합리적 주장들이 '애국'을 가장하거나 '반북한 구호'에 기대어 와글대는 우리사회의 부조리를 모아놓은 종합세트와 같다는 느낌을 받는다. 그러나 천안함 사태를 통해 우리는 일군의 전문가와 과학자들이 아무런 보호막도 없이 오직 자신의 학문적 양심에만 기대어 진실을 위해 거대권력과 맞서는 모습을 보았다. 그리고 선거를 노린 집권 여당의 북풍몰이를 거부하는 유권자의 성숙함을 보았다. 이 점에서 천안함 사태는 우리사회가 극복해야 할 과제가 무엇인지를 보여준 동시에, 비합리와 반이성에 대항하는 '합리적 시민'이 사회를 이끌 날이 머지않았음을 알려준 사건이기도 하다.

우리 안의 모순을 극복하자

대부분의 남한 사람들은 스스로 북한을 잘 알고 있다고 생각한다. 남북관계에서 발생하는 일들에 대해서도 제대로 판단하고 있다고 자부한다. 북한 지도부는 몰상식하고 호전적이며 감정에 치우쳐서 남북관계에 임하는 데 비해 우리는 이성적으로 북한을 보고 있으며 남북관계에도 합리적으로 임한다고 생각한다. 과연 그럴까? 꼭 그런 것 같지는 않다. 사실 우리의 북한인식에는 이성과 감성이 뒤섞여 작용하고 있으며, 그 결과 때때로 하나의 북한을 두고 상반된 두 가지 인식이 우리 안에 뒤섞여 있기도 하다.

대표적인 예가 우리가 김정은 체제에 대해서 갖는 거부심리와 남북한 평화공존에 대한 열망이다. 많은 사람들이 김일성-김정일-김정은으로 이어지는 북한의 3대 세습과 독재체재를 비판한다. 나아가 이러한 부도덕한 정권을 인정해서도 안 되며, 대화와 협력을 해서도 안 된다고 생각한다. 그것은 북한정권의 유지에 도움을 주는 행위이기 때문이다. 다른 한편 남과 북이 적대적인 대결관계를 종식하고 평화를 실현하기 위해 평화공존을 해나가야 한다는 열망도 함께 갖고 있다. 남북대결로 평화가 깨졌을 때, 우리의 삶이 얼마나 위험해지는지를 잘 알고 있기 때문에 북한과 평화롭게 살고 싶어 하는 것이다. 우리 마음속이 이렇다 보니 우리는 김정은 체제를 인정하지 않으면서 북한과 평화공존을 위한 대화와 협력을 해야 하는 문제에 부딪친다.

그런데 김정은정권은 조선민주주의인민공화국이라는 유엔이 인정한 주권국가인 북한을 실질적으로 지배하며 법적으로 대표하는 정부다. 따라서 우리가 북한과 평화공존을 하려면, 그 대화상대는 다름 아닌 김정은정권이다. 여기서 우리는 북한의 세습정권이 지닌 부도덕성을 개탄하면서도 그 정권의 실체를 인정해야 하는 고민에 빠진다. 김정은정권이 못마땅하다고 해서, 우리의 생존이 달려 있는 문제인 남북평화를 위해 북한과 대화를 안 할 수 없지 않은가?

결국 남북간의 평화 공존이 바로 우리 자신을 위해서 꼭 필요한 것인 이상 그에 바탕을 두고 북한정권을 인식하는 것이 이성적인 태도다. 김정은 체제가 지닌 문제점을 명확히 인식하면서도 김정은정권이 북한을 대표하는 실체로서 우리의 대화 상대라는 사실을 인정해야 한다. 그것이 우리 안의 모순적인 북한인식을 극복하는 길이다.

우리가 지닌 체제역량이 북한을 압도한다고 믿으면서도 다른 한편으로 북한이 남한을 공산화할지도 모른다고 걱정하는 것도 다분히 모순에 가깝다. 한 나라의 체제역량을 따지는 기준은 다양하겠으나 민주주의 수준과 경제력이 대개 핵심적인 기준이 될 것이다. 이 기준을 남북한에 적용해보면 남한이 북한에 비해 압도적인 체제역량을 지녔음은 제1장에 살펴보았다. 더욱이 북한은 심각한 경제난에 빠져 미래 자체가 불투명한 상황이다. 그럼에도 불구하고 남한에 북한정권을 추정하거나 동조하는 세력이 수백만 명에 달하며 북한은 여전히 남한 공산화를 노린다고 주장하는 사람들이 있다. 너무나 모순적인 인식이다. 심하게 말해서 다 망해가는 북한을 수백만 명의 남한 국민이 추종한다는 주장은 국민모독에 가까운 터무니없는 소리다.

물론 북한정권은 남한 공산화를 원할 것이다. 그러나 문제는 능력이다. 현재의 통일 환경은 북한의 남한 공산화가 항구적으로 불가능하게 되었음을 말해주고 있다. 그럼에도 불구하고 우리사회에는 아직도 북한을 때로는 '가장 허약한 적'으로, 때로는 '가장 강력한 적'으로, 아무런 문제의식 없이 같이 생각하는 사람들이 있다. 그리고 필요에 따라 '북한정권의 공산화야욕을 경계하자'며 사회적 긴장을 조성하기도 하고, 또 그 반대로 '북한 붕괴가 멀지 않았으니 흡수통일을 준비해야 한다'고 주장하기도 한다.

북한 인권문제를 두고도 종종 우리 안의 이중성이 드러난다. 많은 이들이 언론 보도를 통해 굶주림에 허덕이는 북한 주민들의 참상을 보고 동정심을 나타낸다. 그래서 가장 기본적인 인권인 생존권이 위협받는 북한 주민을 위해 식량 지원이 필요하다고 생각한다. 다른 한편 그들은 독재체제 아래서 자유를 억압받는 북한 주민들의 통제된 삶에 대해서도 가슴 아프게 생각한다. 나아가 북한에 대한 식량지원은 반인권적 통치를 하고 있는 북한정권의 생명을 연장시키는 일이라며 반대한다. 결과적으로 기아에 시달리는 북한 주민들에 대해 연민을 느끼면서도 북한정권의 반인권적 통치에 반대하기 위해 북한 주민들의 굶주림을 해결하기 위한 식량지원을 반대하는 자기모순에 빠지게 된다.

어떤 식으로 정당화를 해도 북한 주민의 인권을 걱정하면서 정작 북한 주민의 생존권 보장 차원에서 제공되는 식량지원을 반대하는 것은 모순일 뿐만 아니라 진정한 인도주의 정신도 아니다. 어떤 이는 북한에 지원되는 식량이 주민들에게 제대로 배분되지 않는다며 분배의 투명성을 내세워 대북식량지원을 반대한다. 그러나 분배의 투명성은 대북지원을 하면서 지속적으로 개선해나가야 할 사항이지, 그 자체가 문제의 핵심은 아니다. 북한 주민의 인권 문제를 소리 높여 외치는 사람들 중에 북한정권의 도발적 행동을 이유로 인도주의적인 대북식량지원을 반대하는 이들이 꽤 있다. 그러나 이것도 모순이다. 북한정권의 도발에 대한 응징으로 북한 주민의 곯은 배를 더 곯게 하는 방법을 요구하면서 북한 주민의 인권을 말하는 것은 위선에 다름 아니다. 우리가 북한정권의 반인권적 정책에 대해서는 그것대로 반대하며, 굶주린 북한 주민들을 위한 식량지원은 그것대로 실행해야 한다고 생각하는 것이 모순적인 인식에서 벗어나 북한문제를 합리적으로 보는 시각이라고 본다.

한편 북한 인권문제에 대한 우리 안의 모순은 탈북자에 대한 공개인터뷰에서도 드러난다. 정부는 과거에 북한 인권문제를 부각시키고 북한 인권에 대한 남한의 관심을 과시하기 위해서 북한을 탈출하여 입국하는 탈북자들을 대상으로 기자회견을 마련했지만 그것은 사실 반인권적인 행위이다. 그 이유는 탈북자의 얼굴이나 신상이 드러나면 북한에 남아 있는 그의 가족이 피해를 입을 가능성이 높기 때문이다. 하지만 김영삼정부(1993년 2월~1998년 2월) 시절 때까지만 해도 국내로 들어오는 탈북자 대부분이 공개적인 기자회견을 했다. 김대중정부가 들어서면서는 특별한 경우가 아니면 원칙적으로 탈북자 기자회견을 중단시켰다.

탈북자 기자회견을 중단시킨 초기에는 많은 사람들이 '북한의 열악한 인권 상황'을 알리기 위해서라도 기자회견을 해야 하는데 왜 안 하느냐고 문제를 제기했다. 일부 언론에서는 정부가 햇볕정책을 추진하다 보니 북한 눈치를 보느라 기자 회견조차 하지 않는다고 비난했다. 그러나 실상은 그게 아니었다. 대부분의 탈북자는 압록강과 두만강을 건너 중국으로 탈출하는데, 그들의 탈북 사유는 대부분 배고픔을 못 이겨 식량을 구하거나 돈을 벌기 위해서다. 게다가 1990년대 후반 이후 북한사회에서는 수많은 사람들이 굶어죽지 않기 위해서 식량을 구하러 이 지역 저 지역으로 떠돌아다녔다. 이 과정에서 굶어죽거나 사고사를 당하는 경우가 비일비재했다. 따라서 집안마다 행방불명자가 속출했으며 중국으로 건너간 탈북자들에 대해서도 가족들은 당국에 대부분 단순 실종으로 보고했다. 따라서 국내로 들어온 탈북자가 국내 언론에 보도되지만 않으면, 북한당국은 그들이 국내로 들어온 사실을 모르기 때문에 북한에 있는 가족들이 무사하게 지낼 수 있었다. 그러나 탈북자 기자회견은 북한당국에게 그동안 행방불명이나 실종으로 처리되어 있던 사람들의 소재지를 확인해주는 결정적인 정보가 된다. 그 결과 기자회견에서 얼굴이 드러난 탈북자들은 북한에서 '반혁명분자'로 낙인찍히고 북에 남아 있는 그들 가족은 커다란 피해를 입게 된다. 북한의 반인권 상황을 증언하는 기자회견이 북에 남아 있는 탈북자의 가족을 파멸로 몰고 가는 반인권적 결과를 초래하는 역설이 발생하는 것이다.

결국 북한에 대한 이중적 인식을 극복하기 위해서 우리는 유혹되기 쉬운 감성보다 이성적 차원에서 북한을 보려고 노력해야 하며, 맹목적인 판단보다는 사리를 따져보는 분별력 있는 자세를 가져야 한다. 북한과 관련한 사안에 대해서는 무조건 부정적으로 보거나 혹은 반대로 일방적으로 이해하려는 것이 아니라 하나하나 따져보고, 또 논리적으로 생각해서 판단하는 자세가 필요하다는 얘기다. 온 국민의 합리적인 북한 인식이 필요하다.

통일을 보는 눈

제6장

실사구시와 역지사지를 해야
북한이 보인다

우리가 어떤 문제를 대할 때 가장 중요한 것은 사실과 논리에 바탕을 두는 것이다. 통일문제에서도 인과관계를 따져가며 북한을 실사구시에 기초해서 제대로 보는 것이 필요하다. 실사구시란 사실에 바탕을 두어 진리를 탐구한다는 뜻이다. 북한을 바라볼 때도 이처럼 사실에 부합하여 있는 그대로의 북한을 보아야 한다. 만약 정책 담당자가 있는 그대로 북한을 보지 못하면, 그는 그릇된 인식 위에 대북정책을 수립하게 되며, 따라서 그 정책은 실패할 수밖에 없다.

예를 들어보자. 북한은 혹독한 감시와 통제의 사회로 알려져 있다. 그러다 보니 사회구성원 간에도 정이 없고 상호 감시가 심하며 가족간에도 '아들이 아버지를 고발하는 사회'라고들 한다. 기성세대의 경우 초중등학교 시절 이런 내용을 학교 교과과정에서 배웠다. 그러나 탈북자들을 만나 얘기를 들어보면 실제는 전혀 다르다. 부모형제가 함께 북한을 탈출한 가족 중에는 젊은 아들이나 딸 중 하나가 '당과 조국을 배반할 수 없다'며 탈북을 거부하는 바람에 그를 북한에 남겨놓고 온 경우가 적지 않다. 만약 북한이 정말 '아들이 아버지를 고발하는 사회'라면 자기 혼자 북한에 남겠다고 할 정도로 '당성'이 뛰어난 이 아들 딸들이 당연히 자기 가족을 당국에 신고했을 것이다. 더욱이 가족이 집단 탈북한 뒤 혼자 북한에 남게 되면 갖은 감시와 통제를 받을 가능성이 높다. 그렇지만 북한에서 자기 가족이 탈북을 하려 한다고 해서 당국에 고발하는 경우는 거의 없다.

왜 그럴까? 우리가 배운 것과는 달리 북한은 아들이 아버지를 고발하는 일이 비일비재한 사회가 아니기 때문이다. 거꾸로 북한사회는 아들이 아버지를 고발한다는 것은 상상하기 어려울 정도로 가족간의 유대가 매우 높은 사회다. 북한에서는 과거 김일성을 가리켜 '어버이 수령'이라고 칭했으며 북한의 선전매체들은 주민들에게 이 '어버이 수령'을 위해서 '충성과 효성을 다해야 한다'고 강조했다. 이렇듯 가족에 비유한 개인숭배 담론이 만연하면서 북한이라는 나라는 '가족의 확대된 이미지로서의 국가', 즉 가족국가관을 지닌 나라가 되었다. 북한에서 가족국가관이 통할 수 있는 것은 북한사회가 가부장적인 가족문화를 그대로 가지고 있기 때문이다. 실제로 북한 사람들의 가족간 유대는 산업화와 개인주의의 발달로 전통적인 가족 문화가 상당 부분 해체된 남한에 비해 훨씬 강한 것으로 알려져 있다.

제6장
실사구시와
역지사지를 해야
북한이 보인다

북한 지도자와 주민 간의 관계에 대해서도 사실에 기초하지 않은 그릇된 선입관이 작용하는 경우가 많다. 일부 전문가들은 한때 북한의 지도자 김정일이 '주민이 굶는 것이 오히려 자신의 통치에 유리하다고 생각하기 때문에' '수백만 명의 북한 주민이 굶어 죽어도 눈 하나 깜짝 안 한다'라고 비난했다. 이러한 주장은 북한 당국이 수십만 명의 주민이 굶어 죽었다고 인정할 정도로 심각한 식량난에 처했을 때 나왔다. 그러나 실제로 그렇지는 않다.

북한사회는 주민들이 최고지도자에게 충성과 효성을 다하는 것을 교리로 삼는 개인숭배체제다. 이 체제에서 최고지도자는 전지전능한 인물로 묘사된다. 그런데 이 전지전능한 지도자가 자신의 품안에 있는 인민의 하루 세 끼를 해결해주지 못한다면 인민은 수령의 지도력을 의심하게 된다. 소련의 독재자 스탈린도 가난한 사회주의가 있다면 그것은 사회주의가 아니라 사회주의를 우스꽝스럽게 만드는 것이라고 했을 정도로 사회주의는 빈곤과 궁핍에 기초해서는 성립할 수 없다. 사정이 이렇기 때문에 김정일도 북한 주민들의 식량난에 대해 노심초사했다.

이를 입증하는 자료도 꽤 있다. 김정일은 1996년 12월에 행한 비밀 연설에서 "열차 칸에는 식량을 구하러 다니는 사람들로 혼잡을 이루고 있다"며 "어디가나 가슴 아픈 일들이 많이 벌어지고 있다", "현 시기 제일 긴급하게 풀어야 할 것은 식량문제"라고 말한다.(월간조선, 1997년 4월호, 309쪽) 이 시기 북한의 선전매체들도 김정일이 "쪽잠과 쥐기밥(주먹밥)으로 끊임없는 현지 지도의 길"을 이어가면서 "늘 나는 지금 우리 인민들을 배불리 먹이지 못하는 것이 제일 가슴 아프다, 요즈음은 앉으나 서나 누우나 어떻게 하면 인민들을 배불리 먹일 수 있겠는가, 어떻게 하면 더 잘살게 하겠는가 하는 생각뿐"이라고 말했다고 보도하며 자기 체제의 치부를 드러내면서까지 식량난 해결에 대한 김정일의 의지를 선전했다. 김정일의 행적을 마치 성인 언행록을 기록하듯이 미화한 소설 속에서도 김정일이 공장을 찾아가 자신이 잘 알던 나이 든 노동영웅이 굶어 죽었다는 소식을 접한다거나 길에서 걸식하며 방랑하는 꽃제비들을 만나는 모습을 그리고 있다.(리신원, 『강계정신』, 평양, 문학예술출판사, 2002) 이러한 자료들은 김정일이 북한 주민들의 기아가 자신의 통치에 도움이 되기보다는 자신의 권력기반을 위험에 빠뜨릴 수 있다고 생각했음을 잘 보여주고 있다.

북한정권의 강압 통치는 유명하다. 그러나 북한에 대한 부정적인 얘기는 실제보다 과장된다. 중국에서 잡힌 탈북자들의 북한 송환 문제도 '사실'이 '소문' 앞에서 맥을 못 추는 대표적 예다. 1990년대 후반부터 굶주림을 참지 못한 많은 북한 주민들이 식량을 구하기 위해 압록강과 두만강을 건너 중국으로 넘어갔다. 개중에는 남한으로 탈출하기 위해 강을 건넌 사람도 있었다. 어느 쪽이건 북한-중국 간의 협정에 따르면 이들은 불법월경자가 되고, 중국정부에는 이들을 단속하여 북한으로 송환시켜야 할 의무가 있다. 그러나 우리는 탈북자의 의사에 반하는 일방적인 북한 송환을 반대한다. 중국정부의 사법 주권을 존중하지만 중국에 있는 탈북자들이 국제기구에 난민지위를 신청할 수 있는 길이 열려야 한다. 이러한 기본 인식을 전제로 해서 얘기해보자.

중국당국의 탈북자 송환은 꽤 오래된 문제다. 언론 보도에 따르면 중국은 지속적으로 탈북자를 단속하여 북한으로 송환해왔다. 그래서 이 문제가 보도될 때마다 우리는 북한이 체제단속을 위해서 송환된 탈북자들을 혹독하게 다룬다는 뉴스를 접해왔다. 그러다가 김정은 체제가 출범한 직후인 2012년 초에는 북한당국이 송환된 탈북자들을 처형시킨다는 보도가 나왔다. 이후 국내외에서 '탈북송환자 처형'은 정설이 되었다. 국민 대부분도 그렇게 믿으며 탈북자 송환을 반대하는 각종 호소나 성명에도 이 부분이 표현된다. 이때 '처형'은 사형을 뜻하거나 혹은 그에 준하는 가혹한 중형을 뜻한다. 정말 그럴까?

송환된 탈북자가 처형당한다는 주장은 상당히 과장되었다고 할 수 있다. 정부조사에 따르면 2004년 국내에 입국한 탈북자 1899명 중에서 576명이 북송당한 경험이 있으며 이중에 단순 방면이 214명, 노동단련형이 321명, 교화(즉, 감옥)형이 19명, 정치범 수용소 수감이 3명 등이었다. 2010년 이후 국내에 입국한 탈북자들도 60%가 1회 이상의 북송 경험이 있다고 한다. 만약 송환이 곧 처형이라면 이런 통계가 나올 수 없을 것이다. 물론 송환된 탈북자들이 북한당국으로부터 받는 부당한 대우와 고초는 두말할 나위가 없다. 북한당국은 반인권적 행위를 중단해야 하며, 그전에 중국당국은 탈북자 송환을 멈춰야 한다. 그러나 이러한 주장과 별도로 탈북자 송환이 곧 처형이라는 주장은 과장되었다. 사실 이러한 주장은 북한정권의 '반인권적 잔인성'을 강조하는 데는 도움이 될지 모르지만, 탈북자 송환을 저지하고자 하는 목표를 달성하는 데는 별 도움이 되지 못한다. 오히려 북한이 송환된 탈북자들을 어떻게 대우하고 처리하는지 정확히 알아야, 이 문제에 대한 북한의 의도나 정책방향도 가늠할 수 있고, 적절한 대책을 세울 수 있는 것 아닐까?

한편 사실에 기초해서 북한을 보지 않기로는 한국의 언론이 누구에게도 뒤지지 않는다. 한국에서는 전문가들조차 인터넷을 통해 북한의 뉴스통신사인 『조선중앙통신』에 접근하지 못한다. 정부가 차단했기 때문이다. 언론도 북한과 관련한 신빙성이 있는 정보를 얻기가 매우 어렵다. 그렇기 때문에 상식적으로 생각하면 북한 관련 뉴스의 양도 적을 수밖에 없을 것이다. 그러나 우리 언론에는 북한 관련 기사가 쏟아져 나온다. 특히 보수적인 매체들에서 그렇다. 십중팔구 부정적인 얘기들이다. 권력 갈등설에서부터 북한 주민들이 배가 고파서 인육을 먹는다는 소식에 이르기까지, 북한 권력 핵심부를 정보원천으로 내세우지만 알고 보면 출처 불명인 기사들이 '뉴스'로 포장돼 메뉴를 달리해 가며 시리즈처럼 나온다. 누구도 확인할 수 없기 때문에 기사의 사실유무는 신경을 쓰지 않아도 된다. 만약 북한당국이 부정을 하면 '불량국가' 정권의 거짓으로 치부하면 된다.

그러다 보니 일부 언론은 우리 사회에서 공공기관에 대한 테러가 발생하면 원인이 밝혀지기 전까지는 앞뒤 가리지 않고 북한이 했다는 식으로 몰아간다. 금융기관 해킹이 발생해도 일단 북한 소행으로 몰고 선거관리위원회가 디도스(DDoS, 분산서비스거부) 공격을 당해도 '북한 짓'으로 단정한다. 사건 발생에 책임을 져야 할 정부도 '북한이 했다'는 것만큼 책임회피가 쉬운 게 없어서인지 은근히 언론의 보도를 즐긴다. 이렇다 보니 어떤 정치인은 대규모 정전사태가 발생하자 '북한 소행'이라고 주장했다가 사실관계가 밝혀지면서 망신을 당하기도 한다. 그러나 일부 언론의 경우 북한의 소행이 아니라고 밝혀져도 사과나 반성을 하지 않는다. '아니면 말고'라는 태도다. 북한은 우리의 적이며 절대 악이기 때문에 '그들이 했을 가능성'만 가지고도 충분하다는 식이다. 그러나 이러한 보도태도는 국민의 판단을 오도하며 정부정책을 왜곡시키기 쉽다. 또한 남한에서 북한을 사실과 다르게 범인으로 몰 경우 남북관계에 미치는 부정적인 파장도 만만치 않다. 그래서 언론은 북한 관련 보도를 할 때도 다른 보도와 마찬가지로 6하 원칙에 기초해야 한다. 북한에 대한 실사구시적인 접근이 필요한 것이다.

사실 실사구시 없는 북한 인식이 얼마나 위험한가는 이미 1994년 7월 김일성 사망 후 '북한붕괴론'을 믿고 대북 대화 대신에 '붕괴 대책'에 열중했던 당시 정부 정책이 낳은 부작용에서 충분히 입증되었다. 만약 이때 우리가 선입견을 배제하고 있는 그대로의 북한을 바라보았다면, 북한의 취약점 못지않게 그들이 지니고 있던 내구력도 볼 수 있었을 것이며, 그랬더라면 '북한 조기 붕괴'라는 허상에 사로잡혀 그렇게 많은 정력을 낭비하며 남북관계를 악화일로로 몰고 가지는 않았을 것이다.

국민소득 1000달러인 북한에서 웬 아사자?

북한 연구에서 사실fact은 매우 중요하다. 사람마다 북한 인식이 천차만별이며 그로 인해 때때로 심각한 사회갈등마저 발생하는 현실에서 사실 확인은 인식의 차이를 줄이는 첫번째 방법이다. 정부가 대북정책을 수립할 때도 북한에 대한 정확한 사실 파악은 핵심적인 고려요소가 된다. 사실에 기초하지 않은 정책은 현실적이지 못하며 실패 가능성도 그만큼 높기 때문이다.

매년 한국은행이 추정 발표하는 북한 국민소득은 우리에게 북한을 이해하는 데 사실이 얼마나 중요한지를 알려주는 좋은 사례다. 우리나라에서 모든 국가 기관을 대표하여 북한의 국민소득을 추정하는 기관은 한국은행이다. 한국은행은 1990년 이후 매년 북한의 국민총소득Gross National Income, GNI과 1인당 국민소득을 추계해왔다. 그리고 그 추계치는 통계청의 각종 통계 간행물을 비롯한 정부보고서의 북한 자료로 활용된다. 그런데 한국은 행은 지난 10여 년간 북한경제의 성장이 매우 미미했다고 보고 북한의 1인당 국민소득을 1000달러 남짓한 것으로 계산해왔다. 국민소득 1000달러는 2005년을 기준으로 볼 때 인도와 파키스탄과 비슷한 액수고 베트남보다는 훨씬 더 높은 수준이다. 한국은행 발표에 따르면 이해 북한의 1인당 국민소득은 1056달러였고 베트남은 616달러였다. 단순화시키면 북한 사람들이 베트남 사람들보다도 대략 두 배 더 잘산다는 뜻이다. 그러나 북한이 이미 먹는 문제가 해결단계로 접어든 베트남보다 두 배 더 잘산다고 한다면, 누구도 믿지 않을 것이다. 그러니 당연히 이런 의문이 든다. "우리가 알고 있던 북한은 주민들이 굶어 죽을 정도로 빈곤한 국가이고, 지금도 그 사정이 크게 나아진 것이 없는데, 1인당 국민소득이 1000달러가 넘는다니? 그러면 왜 북한 주민 대다수가 굶주림에 시달리고 있나?"

왜 이렇게 앞뒤가 맞지 않는 상황이 발생하는 것일까? 한국은행 추계에 문제가 있기 때문이다. 한국은행에서 계산하고 있는 북한 국민소득은 정작 북한의 물가에 바탕을 두지 않았다. 즉, "모든 지표는 북한 가격 자료 등 기초 자료의 입수가 곤란하여 남한의 가격, 부가가치율, 환율 등을 적용하여 산출"했다며, 북한 국민소득을 계산할 때 북한에서 생산한 물품에 대해 남한 물가를 적용한 것이다. 예를 들면, 북한의 옷 공장에서 생산된 의복류의 가치를 계산할 때, 북한의 물가가 아닌 남한 공장에서 생산되어 남한 시장에서 형성되는 그 정도 의복류의 가격을 추정하여 가격을 매기는 것이다. 그러다 보니 북한 시장에서는 실제 미화로 환산해 10달러도 되지 않는 옷을 한국은행이 남한의 가치를 적용하여 30달러로 계산할 수도 있게 된다. 그래서 한국은행도 '이들 지표를 여타 나라들과 직접 비교하는 것은 바람직하지 않다'고 밝히고 있다. 그러나 남북한 비교에 관심이 많은 일반인들이 친절하게 남북한 비교수치까지 제시하고 있는 이 통계를 실제 수치로 받아들이는 것이 현실이다.

이처럼 한국은행의 북한 국민소득 추정은 보편적인 국민소득 계산방식에서 벗어나 있다. 그러다 보니 한국은행의 추정치는 UN통계국의 평가와도 큰 차이가 난다. UN통계국은 북한이 국제사회의 지원을 받기 위해 발표하는 제한된 경제 통계에 기초해서 북한의 국민 소득을 추정해왔는데, 그에 따르면 2004년과 2005년의 북한 1인당 국민소득은 각각 472달러, 516달러였다.

사실 지금은 탈북자가 2만 명을 넘어선 시대이므로 그들로부터 북한 물가 정보 등을 수집하면 보다 사실에 가까운 북한 국민소득을 추정하는 것이 그다지 어렵지 않다. 실제로 통일부는 2006년 전문가들에게 수집 가능한 자료들을 제공하고 세계 각국이 보편적으로 사용하는 방식으로 대강이라도 실제에 가까운 북한 국민소득을 산출해보도록 용역을 의뢰한 적이 있었다. 연구결과 2005년 북한의 1인당 국민소득은 평균 368~389달러로 추정되었다. 이러한 추정치는 2005년 북한의 1인당 국민소득을 1056달러로 추정한 한국은행 추계의 35~37%정도에 불과한 것이다. 이는 국민총생산 면에서는 남한의 100분의 1이며, 1인당 GNI로 보면 약 50분의 1이다. 2010년경에는 이 격차가 줄어들어 국민총생산은 남한의 80분의 1, 1인당 GNI는 약 40분의 1 정도로 추정되었다.

북한의 국민소득을 정확하게 추정하는 것은 학문적으로나 정책적으로 중요한 의미를 지닌다. 무엇보다 잘못된 북한 국민소득 추정은 대북정책에 대한 국민의 올바른 이해를 저해한다. 정말 북한의 1인당 국민소득이 1000달러가 넘는다면 국민은 정부의 인도주의적 대북 비료·식량지원에 마땅히 이의를 제기해야 한다. 한국은행 추정대로라면 우리 정부가 북한에 비료와 식량을 지원할 이유가 없는 것이다.

한편 북한 국민소득의 잘못된 추정은 남북한 국가역량을 정확히 비교하는 것도 어렵게 한다. 남한의 경제 규모가 북한의 거의 100배에 달하고 1인당 국민소득도 50배에 가까운데도 불구하고 이것이 3분의 1 정도로 축소되었다면, 대북정책의 방향과 수단을 심각하게 왜곡시킬 수 있다. 국방정책을 예로 들어보자. 국방부는 매년 국방백서를 발간해왔는데, 2004년 말에 발간된 『2004 국방백서』에는 1991년부터 2003년까지 북한의 군사비를 매년 약 50억 달러 내외로 추정해왔다. 이는 북한이 대체로 국민총생산의 25~30%를 국방비로 쓰고 있다고 상정하고(참고로 남한의 국방비는 국민총생산의 2.6%), 한국은행 추정치에 이 비율을 적용하여 산출한 것이다. 그러다가 국방부는 『2006 국방백서』부터 북한의 환율 급등으로 군사비 추정이 어렵다는 이유를 들어 추정치 발표를 하지 않고 북한의 공식발표만을 인용하고 있다.(북한이 발표한 공식 군사비는 2004년 3.9억 달러, 2005년 4.6억 달러, 2006년 4.7억 달러이다.) 그런데 앞서 본 대로 북한 국민소득을 제대로 추정해 국방부 방식으로 계산해보면 최근 북한의 국방비는 21~26억 달러 정도가 된다.(참고로 남한의 2007년 국방비는 265억 달러였다.) 이는 기존의 한국은행 추정치를 적용한 국방부 추정 북한의 국방비가 최소한 2배 이상 부풀려져 있었음을 보여준다. 물론 아무리 군사력을 강조하는 북한이지만 국민총생산의 25%를 국방비로 쓰기는 어려울 것이다. 설령 25%를 쓴다고 하더라도 실사구시에 기초해서 계산해보면 남한이 북한보다 최소한 10배 이상의 국방비를 지출하고 있는 것이다.

북한, 역지사지로 생각하기

남북관계에서 발생하는 다양한 사건에 대해서 때때로 '북한'이라는 상대방의 입장에 서 보는 역지사지의 지혜가 필요하다. 역지사지란 '처지를 바꾸어 생각함'이라는 뜻이다. 일방적으로 나

제6장
실사구시와
역지사지를 해야
북한이 보인다

의 주장만을 내세우지 않고, 상대방의 입장을 이해하고 그 바탕에서 절충을 시도하며 함께 이익을 찾아가는 자세는 바로 역지사지의 정신이 있어야만 가능하다.

지금은 중단된 금강산 사업도 역지사지의 관점에 서면 우리가 보지 못했던 것들을 볼 수 있다. 혹자는 북한이 금강산 관광사업을 통해서 공짜로 달러를 벌어들이고 있다며 이 사업을 비판한다. 그러나 북한 입장에서 금강산 사업은 정말 봉이 김선달식 돈벌이였을까? 한번 과거를 되돌아보자. 1998년 11월 금강산 관광선이 첫 출항을 하기 전까지 많은 사람들이 북한이 군사안보상 '적접지역敵接地域'인 금강산 지역을 개방하기 힘들 것이라고 말했다. 금강산은 그들도 자랑하는 명산인데, 여기에 매년 수십만 명의 남한관광객이 방문한다는 것이 체제에 엄청난 부담이 될 것이라고 진단한 전문가들도 많았다. 이러한 관측은 모두 사실이다. 북한에게 금강산 개방은 직접적인 안보위협이 될 수 있으며 한편으로는 체제 정통성을 훼손할 수 있는 모험이다.

그러나 북한은 위험을 감수하면서 금강산을 개방했다. 아마 그것은 그동안 우려해온 위협요인이 사라졌기 때문이 아니라, 그보다 더 절박한 체제위협요소인 심각한 경제난을 타개하기 위해서 달러가 필요했기 때문일 것이다. 한마디로 북한은 자신에게 가해지는 위험을 감수하고 달러를 벌기 위해 남한에 금강산을 개방한 것이다. 북한 입장에서 볼 때 금강산 관광은 쉬운 장사가 아니라 상당한 안보위협을 감수한 사업인 것이다.

역지사지의 관점에서 북한정권의 눈에 비친 미국과 남한정부는 어떤 모습일까? 남한이나 미국의 입장에서 볼 때 장거리 미사일 기술로 전용될 수 있는 북한의 인공위성 발사나 핵실험 등은 분명히 도발이다. 그래서 서방의 눈에 비친 북한은 핵개발을 추구하면서 항상 합의된 약속을 이행하지 않거나 일방적으로 파기해온 비합리적이며 기만적인 '불량국가'다. 게다가 북한의 거칠고 위협적인 언사가 이러한 인식을 더욱 강화시켜왔다.

그렇다면 북한의 눈에 비친 한미는 어떠한가? 먼저 미국은 북한을 공격할 의도가 없으며, 북한이 핵을 포기하면 체제안전 보장과 경제적 지원을 할 용의가 있기 때문에 자신의 행동은 항상 선하다고 믿는 경향이 있다. 그러나 종종 미국도 북한이 보기에는 이해하기 어려운 행동을 보였다. 9·11 테러 이후 미국이 북한을 '악의 축*'으로 명명하고 공공연히 적대시한 것이 대표적인 예다. 부시행정부는 테러 참사로 격앙된 국내 분위기를 이용하여 반反테러전쟁을 선포하면서 국제 사회에서 일방적인 군사적 패권주의를 추구했다. 그리고 '반테러'라는 이름으로 모든 전쟁을 정당화하면서 이번 테러와 연관이 없는 이른바 '불량국가'들에 대한 전쟁 의지를 천명했다. 이 과정에서 2002년 1월에 '악의 축' 발언이 나왔다. '선과 악'의 이분법 세계에서 '악'은 군사력을 포함해 어떠한 수단을 동원해서라도 제거해야 할 대상으로 상정된다. 이러한 상황에서 북한은 자신을 '악의 축'으

악의 축: 2002년 1월 30일 조지 W. 부시 미국 대통령은 새해 연설에서 이란, 이라크, 북한을 가리켜 '악의 축(axis of evil)'이라고 부르면서, 강경 대응할 방침이라고 밝혔다. 이 국가들이 대량살상무기를 개발하고 테러를 지원하는 등 세계평화의 적이기 때문에 군사력 사용을 포함하는 대응을 하겠다고 천명했다. 이 발언 이후 북미관계는 급속히 나빠졌다.

제6장
실사구시와
역지사지를 해야
북한이 보인다

로 몰아붙이는 부시행정부의 행동이 황당하게 보일 수도 있다. 왜냐하면 북한은 부시 대통령의 '악의 축' 발언이 있기 전까지 북미관계에서 기존의 약속을 어기거나 도발을 하지 않았기 때문이다. 그런데도 '악의 축'으로 비난받은 것이다. 사실 북한은 클린턴행정부 시절부터 제네바 기본합의*를 이행해왔고, 2000년 10월에는 미국과 관계개선을 약속한 북미공동 코뮤니케까지 발표했다. 또 대포동 미사일의 시험발사 유예를 선언했다. 그러나 부시행정부 등장 이후 이러한 북미간 협상기조는 부정되었고, 북한은 협상 불가능한 대상으로 내몰렸다. 북미간 기존 합의와 협상이 빌 클린턴 개인이 아니라 '미합중국 정부' 대 '북한당국' 사이에서 진행되었다는 점에서 북한이 받은 충격은 매우 컸을 것이다.

북한은 반테러전쟁과 관련해서도 이를 지지하지는 않았지만 반대하지도 않았다. 더욱이 반테러와 관련하여 몇 가지 긍정적인 조치들을 취했다. 부시행정부 등장 이후 미국에 대해서 먼저 도발하지도 않았다. 그런데 부시행정부는 출범 때부터 전임 클린턴 대통령의 대북정책을 부정하면서 그동안 전개돼온 북미간의 협상 자체를 인정하지 않는 태도를 보였다. 대외관계에서는 정권이 바뀌어도 기존의 합의나 협상은 존중되어야 함에도 불구하고, 부시행정부는 이 불문율을 지키려 하지 않는다는 인상을 주었다.

이런 일은 북핵문제에서도 일어났다. 우리는 흔히 북핵문제

제네바 기본합의: 미국과 북한 사이에 이뤄진 핵문제 관련 합의. 1992년 북한은 핵무기 개발 의혹을 받았다. 북한이 국제원자력기구(IAEA)의 핵개발 조사 요구를 거절하고 핵확산금지조약(NPT)에서 탈퇴하면서 한반도에 전쟁 위기가 감돌았다. 미국과 북한은 평화적으로 문제를 해결하기 위해 제네바에서 협상을 시작하고 1994년 10월 21일 합의에 이르렀다. 합의 내용은 북한은 핵을 동결하는 대신 미국 측은 100 메가와트급 경수로 원자력발전소 2기를 제공하고 이 경수로가 건설되기 전까지 연간 50만 톤의 중유(重油)를 지원한다는 것이었다. 하지만 북미관계가 악화되고 2002년 고농축우라늄에 의한 북한의 핵개발 의혹이 불거지면서 제네바합의는 파기되었다.

와 관련해서 항상 북한이 위기를 고조시키고 일방적으로 반칙을 한다고 생각한다. 위기를 고조시키는 쪽이 대체로 북한인 것은 맞다. 그러나 북한이 항상 먼저 반칙을 한 것은 아니다. 북한의 입장에서 다른 주장을 할 수 있는 경우들이 꽤 있다. 예를 들어 미국은 2005년 9월에 맺어진 9·19공동성명에서 북한이 핵을 포기하는 대신에 관계 정상화와 경제적 지원, 경제 교역의 확대를 약속했다. 그러나 며칠 후 미 재무부는 불법거래 혐의로 마카오 소재 은행인 방코델타아시아Banco Delta Asia, BDA에 있던 북한 자금을 동결하는 등 북한에 전면적인 금융제재를 가했다. 미국의 이 모순된 행동은 9·19공동성명의 효력을 반감시키며, 북한의 격렬한 반발을 불러와 급기야 핵실험으로 나아가는 길을 터주었다. 이 금융제재로 역사적인 9·19공동성명은 그 동력을 크게 상실했다. 아마 미국은 명확한 증거도 내놓지 못한 상태에서 '달러위조 혐의'로 북한에 대해 강력한 금융제재를 가한 사실을 대수롭게 여기지 않을지 모르지만 북한에게 이는 미국에 대한 불신을 크게 심화시키는 사건이었을 것이다.

그런데 미국의 정책이 이렇게 무원칙하게 변하는 동안 북한의 정책결정자는 시종일관 김정일이었다. 결과적으로 그는 미국행정부가 바뀔 때마다 북한과 한 약속이 파기되거나, 대북정책이 거의 180도 뒤집혀지는 것을 지켜본 셈이다. 김정일로서는 하나의 미국정부를 상대했음에도 정권이 바뀔 때마다 달라지는 대북정책에 큰 혼란을 느꼈을 법하다.

남한의 대북정책도 마찬가지다. 김정일은 노태우정부와 남북기본합의서를 체결한 이후, 김영삼정부의 대결적 대북정책을 경험했다. 이어서 화해협력과 평화번영을 추구하는 김대중, 노무현 두 대통령의 대북정책을 접했다. 북한도 이 변화에 호응하여 새로운 남북관계 구축에 관심을 보이며 호응해왔다. 그 결과 김정일 국방위원장은 김대중 대통령 및 노무현 대통령과 각각 6·15공동선언과 10·4남북정상선언을 하고 유엔총회에서 만장일치의 지지까지 받았다. 그러나 이명박 대통령 시기에는 이 모든 정책과 합의가 거부되었다.

결국 한미가 북한의 반칙에 분노해온 지난 20년간, 북한은 거꾸로 미국과 한국정부의 대북정책이 롤러코스터를 타는 것처럼 어지럽게 변하는 것을 지켜보며 혼란스러워했을 것이란 얘기다. 김정일으로선 그리고 북한 지도부로선 '어느 장단에 맞추어 춤을 추어야 하나?' 하고 고민했을 법하다. 역지사지해보면, 우리가 북한을 믿지 못하고 그 의도를 의심하는 만큼 북한도 남한과 미국을 믿지 못하고 의심했음을 짐작할 수 있다. 그리고 한미가 대북관계에서 보여준 일관되지 못한 모습은 북한에게 도발의 명분을 제공하고, 북한이 다른 셈법으로 한미를 대하는 데 익숙하게 만들었다. 그래서 우리가 북한을 볼 때 일방적인 '우리의 시각'만이 아니라 '북한의 시각', '북한의 셈법'까지도 고려해야 제대로 된 대북정책을 수립할 수 있는 것이다.

남북관계에서 역지사지는 남북한간에 일어나는 다양한 사건들에서 때때로 '북한'이라는 상대방의 입장에서 사건을 이해하도록 함으로써 보다 정확한 대북정책을 수립하도록 돕는다. 역지사지는 북한 처지를 동정하기 위해서가 아니라 우리가 제대로 된 대북정책을 수립하기 위해서 필요하다. 즉 우리를 위해 상대방을 알아야 하는 것이다. 이렇게 하면 "우리는 '절대로' 선하며, 상대방은 무조건 '악하다'"는 주관주의적 이분법에 빠져서 상대방을 바라보는 오류를 범하지 않을 수 있다. 굳이 병법을 들추지 않더라도 상대를 알고 나를 알면 전쟁에서 위험해지지 않는다는 말처럼 지피지기知彼知己는 모든 사물현상을 이해하는 데 기초가 된다. 사실 역지사지의 자세만큼 자신을 이롭게하는 것도 드물다. 장사에서도 물건을 사러온 고객의 마음을 읽을 수 있는 장사꾼이 가장 많은 이익을 낼 수 있는 것 아닌가?

통일을 보는 눈

제7장

북한은 어떤 나라인가?

2000년 6월 김대중 대통령과 김정일 국방위원장의 역사적인 남북정상회담을 계기로 남북관계가 대결과 반목에서 화해와 협력의 방향으로 바뀌면서, 많은 사람들이 북한 인식에 혼란을 느끼기 시작했다. 어제까지만 해도 북한을 '적대적 대상'으로만 여기던 사람들에게 화해, 협력의 파트너라는 정반대의 인식은 패러다임의 전환을 일으킬 만한 충격이었다. 게다가 남북관계가 화해 협력 일변도로만 흐르면 그나마 대북 인식 전환이 용이한데, 화해와 협력 속에서 때때로 발생하는 갈등과 분쟁은 '도대체 북한은 우리에게 무엇인가'라는 질문에 대한 대답을 더 어렵게 만들었다. 급기야 이명박정부 들어와서 남북관계가 대결 일변도로 흐르고 한국전쟁 이래 최악이라는 평가까지 나오면서 국민의 대북 인식은 다시 '적'이라는 냉전시대의 이미지로 회귀하고 있다는 느낌마저 든다.

북한은 우리에게 무엇인가? 이 어려운 질문에 답을 구하기 위해서 우리는 '현실로서 북한'과 '당위로서 북한'을 동시에 인식할 필요가 있다. 먼저 현실에서 북한은 우리와 군사적으로 대치하고 있는 위협의 실체다. 그들은 휴전선에서 아직 우리와 적대적인 관계에 있으며, 우리를 파괴하기에 충분한 군사적 능력을 가지고 있다. 그러나 한편에서는 기나긴 적대관계를 해소하고 공존과 협력 관계로 나아가자고 약속하고 이를 실천해가는 협력 대상이기도 하다. 그리고 당위 차원에서 볼 때, 북한은 우리가 함께 통일공동체를 실현해야 할 대상, 즉 우리가 숙명적으로 끌어안아야 할 형제다.

이렇듯 우리 입장에서 볼 때 오늘의 북한은 우리에게 '군사적 경계 대상'과 '대화와 협력의 파트너' 그리고 '형제'라는 다중적인 대상으로 다가와 있다. 여기서 중요한 것은 북한과 적대관계를 해소하고 신뢰 기반을 강화하여 '군사적 경계대상'이라는 요소를 감소시키고 협력과 공존의 동반자 관계로 이끌어가며 궁극적으로 통일공동체를 함께 건설해가는 '형제'로 거듭나려는 노력일 것이다.

수령의 나라

북한을 생각하면 가장 먼저 떠오르는 것이 무엇일까? 대부분의 사람들은 김일성, 김정일 혹은 김정은을 떠올릴 것이다. 북한이 절대권력을 지닌 최고지도자의 나라이기 때문이다. 북한은 최고지도자를 중심으로 하여 전체사회가 동심원처럼 수령을 향해 있는 나라다. 북한에서는 역사상 존재했던 어떤 정치 형태보다도 지도자의 역할이 강조된다. 그래서 북한의 지도자를 이해하고 평가하는 것은 곧 북한 현실의 핵심을 이해하고 평가하는 일이 된다.

김일성-김정일-김정은은 3대째 혈통세습을 통해 북한사회를 지배하고 있는 지도자들이다. 북한에서는 절대권력자에 대한 호칭도 일반 국가에서 보기 어려운 극존칭을 사용한다. 김일성은 생전에 조선노동당* 총비서와 국가주석의 직함을 가지고 있었지만 북한 주민들은 그를 "위대한 수령" "어버이 수령"으로 불렀다. 김정일도 조선노동당 총비서와 국방위원회 위원장이라는 국가수반의 자리에 있었지만 북한 매체들은 "위대한 영도자" "위대한 장군님" 등을 그의 이름 앞에 붙여서 불렀다. 현재 3대 세습을 한 젊은 김정은에게도 이미 "경애하는 최고사령관 동지"라는 호칭이 붙었으며 시간이 지나면 또 다른 호칭이 그에게 더해질 것이다.

김일성-김정일-김정은으로 이어지는 최고지도자를 북한식으로 표현하면 수령이다. 북한의 이론가들은 이 수령의 권력을 절대화하기 하기 위해 '혁명적 수령관'이라는 이론까지 만들었다. 이에 따르면 수령은 "혁명과 건설에서 절대적 지위를 차지하고 결정적 역할을 수행하는 당과 혁명의 탁월한 영도자"로서 "인민

조선노동당: 북한정권 수립 이래 북한의 모든 영역을 통제하는 최고의 권력기관이다. 북한 헌법도 "조선민주주의인민공화국은 조선노동당의 영도 밑에 모든 활동을 진행한다"고 규정돼 있다. 규약 상 5년마다 개최하기로 돼 있는 당 대회가 최고 기관이지만 1980년 6차 당 대회 이후 열리지 않았다. 비서국 산하에 국가기구의 각 부서들을 관장하기 위한 조직이 있으며, 김정일은 노동당의 지도자격인 총비서였고, 김정은은 현재 노동당 제1비서의 자리에 있다.

대중의 최고 뇌수이며 통일단결의 중심"이다. 여기서 주목할 점은 수령을 '인민대중의 최고 뇌수'로 규정한 것인데, 이는 수령이 인간 유기체의 모든 활동을 조절 통제하는 뇌수와 같은 존재라는 뜻이다. 마치 생명 유기체의 여러 부분에서 일어나는 모든 생리적인 요구가 뇌수에 반영되고 뇌수가 그 요구를 실현하도록 유기체의 각 부분에 지령을 주는 것처럼 인민대중의 의사와 요구를 집대성하고 그것을 정확히 반영하여 인민대중이 자기의 의사와 요구를 실현할 수 있는 방향과 방도를 제시하는 것이 수령이라는 의미다. 이처럼 북한 선전매체들은 수령을 북한 주민들이 전적으로 의존해야 할 전지전능한 인물로 규정하며, 그 연장선에서 주민들에게 '수령을 절대화하고 수령을 무조건 받들 것'을 요구한다. 그리고 더 나아가 인민 대중은 역사의 주체이지만 그들 스스로 자주적인 주체가 되는 것은 아니며 "오직 수령의 영도 밑에 하나로 통일 단결될 때"만 "사회를 변혁하고 자연을 개조하는 혁명의 자주적인 주체"가 될 수 있다고 주장한다. 이쯤 되면 수령은 이미 '개인'이 아닌 '제도'가 되는 셈이다.

수령이 '제도'의 의미를 지니다 보니 이미 북한사회를 통치하다 사망한 수령들도 살아 있는 현재의 수령과 함께 북한사회를 통치한다. 예컨대, 김일성 주석은 1994년에 사망했지만 헌법에서 "사회주의 조선의 시조이자 영원한 주석"으로 규정되었다. 2011년에 사망한 김정일도 2012년 4월에 조선노동당의 '영원한 총비서'로 추대되었으며 이어서 헌법에서 국가의 '영원한 국방위원장'으로 명명되었다. 또한 북한 헌법은 그 전문에 김일성과 김정일의 사상과 업적을 법화한 김일성-김정일 헌법으로 규정돼 있다. 김정은은 김정일이 죽은 김일성을 위해 국가주석 자리에 취임하지 않은 것처럼 기존의 당 최고지도자와 국가수반 자리를 죽은 아버지에게 영원히 귀속시키고 대신 당의 제1비서와 국방위원회 제1위원장 자리를 신설하여 맡았다.

북한의 수령은 지위와 역할에 있어서 민주국가의 대통령과 다르며 공산국가의 당 총비서와도 다르다. 북한에서도 수령이 맡는 조선노동당 일인자와 국가수반에 해당하는 직책은 선거를 통해서 뽑도록 되어 있으며, 실제로 그렇게 하고 있다. 그러나 그것은 복수의 경쟁자가 권력획득을 위해 경쟁하는 민주주의적 방식이나 내부 합의를 통해 정기적으로 최고지도자를 교체하는 중국과 같은 일반적인 공산국가의 방식과 다르다. 북한에서 수령은 죽기 전까지 절대지위와 절대권력을 보유하기 때문에 선거는 요식행위에 불과하다.

북한의 선전매체들은 북한이 '인민의 나라'이며 인민을 위해 수령이 존재한다고 말하지만 실상 인민보다 수령의 중요성을 훨씬 많이 강조한다. 수령은 '어버이 수령'이라는 말이 보여주듯이 북한사회라는 '가족'의 가장으로 규정된다. 따라서 집안에서 부모 생일이 명절인 것처럼 김일성, 김정일의 생일 역시 북한 주민들의 공식적인 명절이 된다. 최고지도자는 정치적으로뿐만 아니라 사상, 문화, 생활 모든 분야에서 개별 북한 주민의 호주 戶主 역할을 한다. 따라서 모든 행사의 시작은 최고지도자의 지도력에 대한 칭송과 만수무강을 기원하는 것으로 시작한다. 따라서 말이 좋아 '혁명적 수령관'이지 이로 인해 나타나는 현상은 절대권력자를 향한 극단적인 개인숭배다. 그리고 이 개인숭배는 민주주의의 반대 현상이라는 점에서 결국 '수령의 나라' 북한은 다른 말로 하면 민주주의 대신에 개인숭배가 지배하는 나라라고 할 수 있다.

실제로 '수령의 나라' 북한은 역설적으로 수령의 존재 때문에 자기혁신에 어려움을 겪는다. 북한 지도부나 이론가들은 이구동성으로 인민에게 어떻게 수령을 "잘 모셔야 하는지"를 구구절절 강조하면서도 막상 수령에 대한 인민의 권리에 대해서는 침묵해왔다. 누구도 절대권력을 지닌 '전지전능한 지도자'가 2대에 걸쳐 만들어온 북한사회가 어째서 굶주림에서 벗어나지 못하는지를 '수령의 책임'이라는 관점에서 제시할 수 없다. 그것은 자신의 목숨을 내놓는 행위이기 때문이다. 수령제는 수령의 무오류적 지도를 전제로 하여 성립했지만 현실 세계에서 오류가 전혀 없는 지도란 100% 오류만 저지르는 지도만큼이나 불가능하다. 수령에게는 오류가 있을 수 없다는 태도를 가진다면 그 사회는 결국 반성 없는 사회로 갈 수밖에 없다. 한 사회에서 시행착오에 대한 반성과 반추는 그 사회의 발전을 담보하는 원동력인데 수령제가 이것이 발휘될 수 있는 공간을 폐쇄하고 있는 것이다.

군대의 나라

북한은 군대의 나라다. 북한정권이 호전적이고 6·25 남침을 했으며 오랫동안 공공연하게 군사력 강화를 강조해왔기 때문에 북한에 대한 우리의 인식에는 군사적 이미지가 강하게 박혀 있다. 그러한 이미지에 맞게 북한 인민군 창군기념일(4월 25일)과 휴전협정 체결일("조국해방전쟁승리의 날" 7월 27일) 등 두 개의 군 관련 기념일은 모두 국가명절이다.

그러나 북한을 군대의 나라라고 규정할 정도로 북한이 군사국가의 모습을 보인 것은 김일성 사후 김정일 시대가 열리면서부터였다. 북한 주민들이 김정일을 부르던 일반적인 호칭이 '장군님'이었다. 김일성은 '수령님'으로 불렸다. 김일성은 국가 최고대표자로서 국가주석의 자리를 맡았으나 김정일은 그 자리를 국방위원회 위원장이라는 직함으로 맡았다. 김정은 역시 후계자로 나서면서 주변으로부터 처음 들은 호칭이 '대장동지'였으며 국가수반으로서 그의 직위도 국방위 제1위원장이다. 이는 김일성 사후 북한의 역대 지도자들이 체제 위기 속에서 군에 의존하여 국정운영을 해왔기 때문에 나타난 현상으로 볼 수 있다.

김정일 시대가 열리면서 군대의 역할이 크게 강조되고 군인들의 위상도 높아졌다. 군대의 열병식이 가장 중요한 대중 행사로 자리 잡았으며, 조선노동당 내에서 중앙위원회 산하 군사위원회가 중앙위원회와 동격을 의미하는 중앙군사위원회로 격상되었다. 인민군 총참모장과 총정치국장 같은 군의 핵심간부에 대한 노동당 내 서열도 격상되었다.

김정일은 북한을 군사국가로 재편하고, 이를 합리화하기 위해 선군정치라는 통치담론을 내세웠다. 1998년부터 본격적으로

북한군 열병식. 북한정권
은 수시로 열병식과 군대
퍼레이드를 통해 군사력
을 과시한다.

모습을 드러낸 선군정치는 군 중시의 정치로서 "군대를 중시하
고 그를 강화하는 데 선차적 힘을 넣는 정치"라고 한다. 선군정
치 방식은 "군사선행의 원칙에서 혁명과 건설에서 나서는 모든
문제를 해결하고 군대를 혁명의 기둥으로 내세워 사회주의 위
업 전반을 밀고 나가는 영도방식"으로 규정되었다. 즉, "인민군
대를 핵심으로 하여 혁명대오를 튼튼히 꾸리고 혁명적 군인정
신을 무기로 하여 사회주의 건설을 밀고 나가는 것"이 선군정
치라는 것이다. 김정일은 이 선군정치를 "나의 기본 정치방식"이
라고까지 표현했다. 결국 군대를 중심으로 사회주의를 이끌어
간다는 것이다.

북한에서 선군정치의 기반은 군사국가다. 북한정권은 김일성
사후 위기대응의 일환으로 군사국가화라는 새로운 국가생존전

략을 구사했다. 군사국가화란 군이 최고지도자의 명을 받들어 사회, 경제 전반에서 국가운명의 개척자로 나서는 양상을 뜻한 다. 이 군사국가는 동원화되고 부대의식部隊儀式에 사로잡힌 기존 병영국가의 성격 위에 군대가 국방 이외의 국정운영에도 직접 나선다는 특징을 지니고 있다.

김정일은 이런 군사국가화를 북한을 이끌어가는 중요한 통 치방식으로 활용했다. 그 결과 김정일 시대에 들어서서 군대가 인프라건설의 핵심 노동력으로 부각되고 군의 사업방식이 모범 적인 전형으로 부각되어 전체 사회에 강조되었으며 종종 부진 한 농업생산력 회복을 목적으로 농장에도 군이 파견되었다. 군 이 국방 수호자의 수준을 넘어 '사회주의 북한'을 수호하고 난 국을 개척하는 수문장, 개척자의 역할까지 겸임하고 나선 것이 다. 흔히 북한에서는 군대가 "우리 조국보위도 사회주의 건설도 다 맡아 나섰다"고 말하는데 이것이 군사국가의 면모를 잘 보 여준다.

북한정권이 북한을 군사국가화하려는 이유는 체제단속과 체 제역량 발휘를 위해 전체사회에 일사불란한 명령체계를 주입시 키고, 나아가 대중적 저항의식이 성장할 수 있는 사회 분위기를 봉쇄하려는 데 있다. 이는 김정일이 일반 자원의 고갈 속에서 생존을 위해서 유일한 가용자원으로 남아 있는 군을 대내외적 으로 활용하는 전략이었다.

북한에서 군사국가화의 경향은 조선노동당이 악화되는 경제난을 막지 못하고 사회기강의 해이에 제대로 대처하지 못하면서 1996년경부터 본격적으로 모습을 드러냈다. 무엇보다도 당 간부들에 대한 김정일의 불신이 군에 대한 의존도를 높였다. 김정일은 "지금 사회의 당일꾼들이 군대 정치일꾼들보다 못하다"고 하며 당 조직과 당 간부들은 "자고자대하지 말고 혁명적 군인정신을 따라 배워 당 사업에서 새로운 전환을 일으켜야 한다"고 강조했다. '사회의 당'에게 '병영 안의 당'을 따라 배우라고 요구한 것이다. 북한정권은 이를 실천하기 위해 금강산 발전소 건설에서 발휘되었다는 '혁명적 군인정신'을 병영 밖으로 파급시켜 대중운동의 전형으로까지 확산시키려 했다. 군대에서 창출한 모범의 대중운동화라고 할 수 있는 이러한 캠페인은 그동안 민간 대중운동에서 만들어진 구호나 기치가 군대로 전파되었던 전례와는 대조적인 것이었다. 이때부터 북한 주민들의 김정일에 대한 관례적 호칭은 "지도자 동지" 대신에 "장군님"으로 바뀌었다.

북한에서 군사국가화나 선군정치 등은 현안인 '경제난'에 대한 지도부의 책임을 묽게 하는 일종의 회피담론으로 추구되었다. 예컨대, 북한 지도부는 지금 미국 등 '제국주의 세력'의 압살과 봉쇄정책에 맞서서 체제수호를 위한 국방력을 강화시키다 보니 경제가 이 지경에 빠졌다고 변명한다. 적과 맞서 살아남기 위해서는 일단 군사력이 가장 중요하다는 논리다. 이 논리의 연장선에서 군사적 위기를 강조하며 경제보다 군사가

우선이라는 주관적
논리를 주민들에게
주입시키고 있다. 한
편 내부경제자원이
고갈되어 유일한 여
력이 군대밖에 없는
상황에서 북한이 외
부세계에 힘을 과시
하고 자신의 존재 가
치를 인정받기 위한
방편으로 군사주의
를 활용하는 측면도
있다.

로켓 발사대에 설치된 광
명성 3호. 북한은 이를
인공위성 발사로 발표했
지만 국제사회는 광명성
3호의 운반로켓인 은하
3호를 탄도 미사일 실험
체로 규정하고 이 실험을
규탄하는 유엔 안보리 의
장 성명을 채택했다. 국
제사회의 반발에도 로켓
발사 실험이 계속되는 이
유는 북한이 자신의 활로
를 군사력에서 찾기 때문
이다.

그러나 군사국가화의 경향이 지닌 한계는 분명하다. 군대는
방어적 측면에서 국가를 지킬 수는 있으나, 외부로부터 자원을
끌어들여서 경제를 회생시켜나갈 수 있는 능력을 가지고 있지
못하다. 이러한 일은 당과 내각에서 일하는 경제 엘리트들이 아
니면 해낼 수 없다. 젊은 엘리트를 중용하여 그들이 실질적으로
경제를 이끌어가게 해야 사회가 발전할 수 있다. 군사국가화
경향으로 북한의 위기구조를 극복해내기에는 분명히 한계가 있
는 것이다.

위기의 나라

북한은 위기의 나라다. 북한의 위기를 상징하는 것은 뭐니 뭐니 해도 경제위기다. 현재 북한경제는 심각한 침체로 인해 외부세계로부터 지원을 받지 않는 한 생존 자체가 어려운 지경이다. 1990년대 중반에 발생한 대홍수 이후 북한은 그동안 누적돼온 경제침체가 식량난과 겹치면서 심각한 경제위기를 맞이했다. 북한은 2000년 이후 최악의 식량난에서는 벗어났으나, 아직도 위기국면에서 벗어나지 못하고 있다.

북한의 심각한 경제난은 북한체제의 특징인 사회주의적 요소를 약화시키고 통제체제도 이완시켰다. 특히 1990년대 중반 이후 국가가 인민들에게 최소한의 삶마저 제대로 보장해주지 못하게 되자, 조선노동당과 북한정부에 대한 주민들의 신뢰가 크게 떨어졌다. 지배사상인 주체사상*에 대한 주민들의 신뢰도도 약화되었다.

무엇보다도 경제난은 북한의 개인숭배 시스템을 동요시켰다. 김일성·김정일 부자에 대한 절대적인 충성과 효성을 보장하려고 작동하고 있는 이 시스템은 개인숭배의 물질적 보상인 '부족하지 않은 삶'이 좌절되면서 흔들렸다. 주민들 사이에 개인숭배에 대한 회의가 나타나기 시작해서 과거와 달리 김일성·김정일 초상에 대한 경배敬拜 의식도 많이 약화되었으며 낮은 수준이지만 종종 당국에 대한 불만이 공개적으로 표출되기도 한다. 1990

주체사상: 북한의 공식 이념으로 북한의 모든 정책과 활동의 기초이다. 마르크스-레닌주의를 북한의 현실에 적용하여 김일성이 창시하고 김정일이 발전시켰다고 한다. 내용적으로 인간의 주체성·자주성·창조성을 강조하는 사상이지만, 수령중심의 세계관과 김일성 유일지도체제의 확립과 우상화를 합리화하는 근거로 이용되었다.

년대 중후반 대기근을 거치면서 주민들과 하급관리들 수준에서 '누가 지도자가 되든지 밥만 먹여줄 수 있으면 된다'는 생각마저 퍼지기 시작했다. 경제난은 각종 사회범죄를 증가시키고 관료들의 부패를 확산시켰다. 현재 김정은정권의 권력은 안정적으로 보이지만, 장기적인 경제난이 초래한 북한사회 내부의 동요로 개인숭배 체제는 예전과 달리 제대로 작동하지 않고 있다.

북한정권은 그동안 경제난을 극복하기 위해 여러 가지 자구책을 내놓았다. 1995년에는 대홍수로 인한 식량난 타개의 한 방편으로 역사상 처음 서방에 공개적으로 식량 원조를 요청했다. 그 이후 남한과 중국, 서방으로부터 상당한 식량지원을 받았다. 북한정권은 경제위기 극복을 위해 남한과 개성공단을 공동으로 개발하고 관광수입을 얻기 위해 민족의 명산 금강산을 남한에 개방했으며 중국과 공동으로 경제특구를 건설하는 등 제한적이지만 개방정책을 추구해왔다.

그런데 외부세계에 식량지원을 요청하고 부분적이나 개방 정책을 추구한다는 것은 북한이 외국과의 관계를 통해서 활로를 개척하려는 전략을 가졌음을 뜻한다. 문제는 이러한 자구책은 대외환경이 우호적이어야 성공할 수 있다는 것이다. 그러나 북한은 1990년대 이후 수시로 핵개발과 장거리 미사일 시험을 시도하면서 미국·남한·일본 등과 대립했으며 유일한 후원 국가인 중국과도 원만한 관계를 유지하지 못했다. 그러다 보니 대

외환경이 우호적일 수 없었으며 그로 인해 대외경제정책이 성공할 수 없었다,

한편 국가가 인민의 삶을 책임지지 못하자 주민들이 자구책을 모색하면서 북한사회에 새로운 경제현상들이 나타나기 시작했다. 주민들은 모자라는 양식을 구하고 살아남기 위해 암시장, 즉 사적 시장을 발전시켰다. 암시장은 수요와 합법적 생산량 사이에 불균형이 생길 때 발생한다. 즉, 구조적인 물품 공급 부족이 지하경제가 기능할 수 있는 기본 토양인 것이다. 북한에서 사적 시장은 기존의 쌀을 제외한 농산물을 교환하기 위해 열흘에 한 번 개장되는 합법적인 농민시장이 상설 시장(장마당)

북한의 뙈기밭. 북한 주민들은 농사를 도저히 지을 수 없을 것 같은 곳에서까지 밭을 일구며 살길을 찾고 있다.

으로 전환하면서 확산되었다. 주민들은 모자라는 식량을 확보하기 위해서 개인 소유의 땅을 개간함으로써 비사회주의적 경작 면적이 늘어났다. 개인이 산이나 하천 주변의 빈터를 밭으로 가꿔 그곳에서 나는 생산물을 처분하여 생활해나갔다. 이 토지를 뙈기밭이라고 한다.

  그렇다면 북한은 왜 심각한 경제위기에 빠지게 되었나? 제1장에서 설명했듯이 북한 경제위기의 밑바탕에는 과거 사회주의 국가들과 마찬가지로 사회주의적 소유방식, 중앙집권적 계획경제 등 사회주의적 경제방식이 원천적으로 안고 있는 문제점들이 놓여 있다. 사회주의권의 붕괴로 인해 기존의 무역관계가 단절된 것도 북한경제 침체의 중요한 원인이 되었다. 그러나 북한경제의 침체에는 이러한 경제적 요인과 대외적 요인만 작용했다고 보기 어렵다. 수령이라는 최고지도자의 유일 지배와 그에 대한 개인숭배가 낳은 자원 배분의 왜곡과 불균형 역시 북한경제를 위기에 몰아넣은 원인 가운데 하나다.(☞ 제1장 참조)

북한은 변하고 있나?

북한은 변하고 있나? 남북화해와 평화통일의 길을 소망하는 사람들에게 이 질문은 매우 중요하다. 북한이 변화하지 않으면 우리가 아무리 소망해도 남북협력은 불가능하기 때문이다. 게

다가 북한이 서해 북방한계선NLL에서 분쟁을 일으키고 핵실험이나 미사일을 발사 시험을 할 때면 사람들은 으레 북한이 변화하고 있는 것이 맞느냐고 묻는다. 북한은 예나 지금이나 달라진 게 없다는 것이다.

북한의 변화 문제를 제대로 이해하기 위해서는 먼저 '북한 변화'의 개념부터 정립할 필요가 있다. 북한이 변화한다는 것은 무슨 뜻인가? 우리가 말하는 북한 변화에는 다음의 세 차원이 있다. 첫째, 북한이 대남도발을 중지하고 평화로 나오는 것이다. 즉, 우리의 평화공존 정책에 응하는 것이다. 둘째, 북한이 남한 및 서방세계와 함께 번영하자고 나오는 것이다. 즉, 개방의 길로 나오는 것이다. 셋째, 북한의 정치체제가 보다 다원적이고 민주적인 체제로 바뀌어가는 것이다.

이렇게 북한의 변화를 세 가지로 나눈 것은 남북관계에서 남한이 가지고 있는 목표와 변화의 보편적인 기준들을 종합적으로 고려해서다. 즉, 우리에게 가장 중요한 당면목표는 평화이며, 그 다음은 공동번영이다. 현재 남북관계에서 남과 북이 전쟁을 하지 말자고 약속하고, 이를 지켜나갈 틀을 제도화시키는 일만큼 중요한 것은 없다. 다음은 북한 정치체제의 변화이다. 북한의 정치체제도 변화하면 더할 나위 없이 좋겠지만, 우리에게 그것은 변화의 한 부분에 불과하며, 객관적으로 볼 때 장기간에 걸쳐 일어날 것으로 예상된다. 이상의 세 차원의 변화는 평화번영의 한반도를 실현해가는 길에서 모두 중요하다. 하지만 우리 입장에서는 그 절박성이나 필요성에 따라 우선순위를 정해서 추진할 필요가 있다. 이런 맥락에서 이 세 변화 중에서 우리가 추구해야 할 당면 목표는 평화이며, 그 다음은 공동번영이다.

그런데 북한의 변화를 위의 세 차원으로 나누어보면 북한은 2000년 6·15공동선언 이후 평화와 개방이라는 두 차원에서 상당한 변화를 보였다. 비록 서해교전*이 발생하기도 하고 북핵문제로 한반도 긴장이 높아질 때도 있었지만 북한의 대남 군사도발은 꾸준히 감소했다. 개성공단의 가동, 남북철도 도로연결, 남북장관급회담의 정례화, 이산가족 상봉과 생사 확인, 남북경제협력 회담, 북한의 아시안게임 참가와 공동응원 등 과거에는 상상하기도 어려웠던 많은 일들이 김대중정부와 노무현정부 기간 동안 남북관계에서 발생했다.

남북관계에서 북한의 변화를 극적으로 보여준 것은 북한이 휴전선 북측 지역인 개성과 금강산을 경제 및 관광특구로 남측 기업에 내준 사실이다. 우리가 거꾸로 휴전선 인근의 경기도 파주와 속초시를 북한 기업에 내준다고 상상하면 이것이 북한정권으로서는 얼마나 어려운 결정인지를 상상할 수 있다. 북한이 최전방 지역을 특구로 남측에 내어주고 휴전선을 뚫고 철도와 도로를 개설하는 가장 큰 이유는 심각한 경제난을 타개하기 위한 경제협력의 필요성 때문이다. (☞ 제9장 참조)

경제면에서 북한은 대남, 대중 관계에서 보다 개방 지향적으

서해교전: NLL 인근 연평도 근해에서 일어난 남북간의 교전. 1999년과 2002년 두 차례 일어났는데, 1999년에는 북한군에게는 큰 타격을 준 반면 아군은 경미한 피해를 입은 충돌이었지만, 2002년 2차 서해교전에서는 남한 해군 6명이 전사하고 18명이 부상당하면서 큰 충격을 주었다. 이명박정부 시기인 2009년 11월에도 NLL 인근에 위치한 서해5도 중의 하나인 대청도 동쪽 해상에서 남북해군 간 전투가 발생했다. 이를 대청해전이라고 부른다.

로 변해왔다. 예컨대, 북한 내부에서는 2002년 7월부터 '경제 관리개선 조치'라는 이름으로 경제개혁조치가 광범하게 진행된 바 있으며, 북한 지도부는 신의주를 중국의 홍콩 통치방식과 심천深川 개방방식을 결합시킨 특별행정구로 지정하기도 했다. 이러한 시도들은 북한의 준비 부족과 제도 미비, 중국의 비협조 등으로 소기의 성과를 거두지는 못했으나, 북한이 개방 지향의 경제정책의 필요성을 절감하고 있음을 잘 보여준다. 특히 최근 북한의 개방추세는 주목할 만하다. 평양에는 중국계 대형상점이 들어섰으며 외국기업들과의 경제협력도 크게 늘어나고 있다. 특히 제1장에서 살펴본 것처럼 중국정부와 '황금평·위화도 경제지대'와 '나선경제무역지대'를 정부 주도로 공동개발하기로 나서는 등 중국모델을 북한 현실에 맞게 조정한 개방적인 경제정책을 본격적으로 추진하고 있다.

이렇듯 북한의 변화는 다방면에서 일어나고 있다. 물론 아직 정치나 사상 분야에서의 변화는 다른 분야에 비해서 매우 더딘 편이다. 북한 지도부는 다른 분야의 변화가 심화될수록 체제유지를 위해서 정치, 사상 분야만은 더욱 더 강하게 고수하려고 할 것이다. 그러나 시간은 걸리겠지만 남북관계, 경제 등 타 분야에서의 변화가 정치 분야에 영향을 미치리라는 것은 어려운 예측이 아니다.

그런데 북한의 변화에 대해 어떤 절대적 기준을 가지고 있는 사람은 그 기준에 도달하기 전까지는 북한이 변화하지 않았다고 말한다. 북한이 변화를 했어도 자신의 기준을 충족시키지 못하는 한 변화로 보지 않는 것이다. 이는 마치 커피점에서 커피를 주문하는 손님과 같다. 주인은 찬물을 끓여서 커피 물을 만든다. 그런데 물이 끓기 위해서는 뜨거워지는 과정이 필요하다. 전기포트나 알코올램프로 10℃의 물을 끓이기 시작한다면 이 물은 가열되면서 점차 40℃, 50℃로 데워지기 시작할 것이다. 이때 물이 70℃에 이르렀더라도 커피를 마시려는 손님의 입장에서는 100℃의 끓는 물이 필요할 뿐이며, 그보다 낮은 온도의 물은 의미가 없다. 그러나 물을 끓이는 사람 입장에서는 70℃의 물은 10℃의 물이 계속 가열되어 이르게 된 것이기에 의미가 있으며, 곧 물이 100℃로 끓을 것이라고 확신한다.

이런 이치는 북한변화나 남북관계에도 마찬가지로 적용된다. 이 문제를 장기적으로 관찰해온 전문가의 눈으로 보면 북한의 변화가 눈에 들어온다. 그러나 뜨거운 커피를 마시고 싶은 사람에게 끓지 않은 물은 의미가 없듯이 자신의 특정한 기준을 가지고 북한을 보면 변화가 보이지 않는다. 역사적 시각으로 볼 때, 남북관계의 수온은 1972년 7·4남북공동성명*을 계기로 얼음장 같은 빙점을 뚫고 서서히 상승하기 시작했으며 2000년 6·15공동선언 이후 가열속도가 빨라져서 지금은 60~70℃정도는 되는 것 같다.

남북관계에서는 약간 다른 의미로 많은 사람들이 남북관계의 변화에 만족하지 못한다. 그것은 많은 사람들이 남북관계가

7.4남북공동성명: 1972년 7월 4일 남한과 북한이 분단 이후 처음으로 통일의 원칙을 서로 합의하고 발표한 공동성명. 남북이 본격적으로 통일을 논의하기 시작한 역사적인 성명이다. 양국은 이 성명에서 외세의 개입을 배제하는 자주통일의 원칙, 무력행사에 의거하지 않는 평화통일의 원칙, 사상과 이념의 차이를 넘어 하나의 민족을 이루자는 민족대단결의 원칙을 담은 3대 원칙을 공식 발표했다.

발전하면 이미 발전한 그 상태를 기준으로 남북관계의 좋고 나쁨을 판단하기 때문이다. 그러다 보니 늘 40℃의 물에서 목욕하던 사람에게 35℃의 물이 차갑게 느껴지는 것처럼, 일단 발전된 남북관계에 익숙해지고 나면 사람들은 조금만 남북관계가 삐걱거려도 불안해하고 부담스러워하기 마련이다. 아무리 과거보다 나아졌다 해도 현재는 현재의 수준에서 생각하게 되는 것이다. 따라서 약간 남북관계가 진전이 돼도 40℃의 물에서 42℃의 물로 옮겼을 때 느끼는 것처럼 별로 감동이 없다.

북한의 변화에 대해 다양한 견해가 있지만 분명한 것은 북한은 '불가피한 변화의 선택' 시기에 와 있다는 사실이다. 북한정권의 정책변화 가능성은 그들의 주관적 의지 문제를 넘어선 구조적 조건에 의해서 주어지고 있다. 북한 지도부는 변화를 원하지 않을 수 있다. "주체의 사회주의 조선"을 외치는 그들에게 개방은 굴복을 의미하는 것이며 남북대화는 '조선혁명'의 포기로 받아들여질 수 있기 때문이다. 그러나 문제는 그들의 주관적 의지를 좌절시키는 현실이다. 사회주의 진영의 붕괴와 경제난이라는 객관적인 환경은 그들의 의지를 실현시킬 수 있는 가능성을 아예 차단하고 있다.

지도자가 자신의 의지를 정책으로 실현시키기 위해서는 그 실현수단인 가용자원이 있어야 한다. 그러나 김정은에게 그 수단은 매우 제한되어 있다. 외부세력에 위협을 가할 수 있는 군대라는 수단이 아직 남아 있지만, 탈냉전의 현 상황에서 군의 활용도는 제한적이며, 효과도 불확실하고 매우 위험한 가용자원일 수밖에 없다. 따라서 생존을 위한 변화는 불가피하다. 북한의 지도자 김정은에게는 변화 이외에 달리 선택이 없는 것이다.

통일을 보는 눈

제8장

김일성–김정일–김정은,
북한의 지배자들

북한은 수령 중심의 1인 절대권력 체제를 속성으로 하는 나라다. 2011년 12월 최고지도자 김정일이 사망하자 그의 셋째 아들인 김정은이 그 자리를 세습하여 새로운 수령이 되었다. 이로써 북한에서 3대 세습이 선보이게 되었다. 이 3대 세습이 지닌 비민주성과 비효율성에 대해서는 굳이 설명할 필요도 없다. 그러나 우리는 이런 도덕적 잣대와 별개로 김정은정권이 북한을 대표하는 실체라는 점을 인정하고 대처해야 한다. 규범적, 도덕적인 차원에서 북한의 세습이 문제가 된다고 해서 우리가 온전히 그것을 잣대로 대북정책을 펼 수는 없다는 얘기다.

지속적으로 강조하는 얘기지만, 우리에게 김정은은 유엔이 인정한 주권국가의 최고지도자이고 남북을 파멸시킬 수 있는 군사력을 지닌, 우리와 대척점에 있는 나라의 유일권력자이다. 현안과 관련해서 그는 한반도와 동북아시아 안보 불안의 요체인 북한 핵문제의 주체이며 불안정한 남북관계의 한 축을 관리하는 실체다. 그에 대한 어떠한 평가도 이러한 진실을 외면하고 내려지기는 어렵다. 결국 우리가 중대한 안보 현안을 안정적으로 관리하기 위해서는 규범적, 도덕적인 잣대에서 북한의 세습을 문제 삼을 것이 아니라, 이 세습정권의 실체를 인정하고 대화를 모색할 수밖에 없는 것이다.

뿐만 아니라 우리가 북한을 개혁개방으로 이끌고 북한 주민의 삶을 개선하기 위해서도 이 세습정권과의 대화는 불가피하다. 수령 중심의 일원적인 국가인 북한에서 후계체제의 실패는 극심한 체제 불안정을 초래할 것이기 때문에, 역설적이지만 지금 자리 잡기 시작한 3대 세습도 일단 성공하는 것이 한반도 정세 안정에 도움이 되는 것이 현실이다.

김정은은 그의 아버지 김정일이 후계자가 되고 김일성으로부터 권력을 승계받던 때와 비교할 때 매우 취약한 상황에서 최고지도자가 되었다. 김정일은 1964년 6월 조선노동당에서 첫 사업을 시작한 이래 당내 숙청과 김일성 개인숭배 작업을 주도하면서 10년 만에 후계자로 공식화되었으며 그로부터 20년이 지난 62세가 돼서야 김일성의 사망으로 최고지도자가 되었다. 이에 비해 1983년생으로 알려진 김정은에게는 이렇다 할 당 생활 경력도 없고 20대 후반의 어린 나이에 후계자가 되었으며, 얼마 지나지 않아 최고지도자가 되었다.

뿐만 아니라 김정일은 국가가 주민들의 하루 세 끼 끼니를 해결해줄 수 있을 정도의 경제적 여력을 지녔고 강력한 지원세력으로 사회주의 진영이 존재했으며 중국과 소련이라는 막강한 동맹이 있던 시절에 후계자의 길을 걸었다. 그러나 김정은은 북한의 내부자원이 고갈되어 주민들의 굶주림과 경제적 피폐가 일상이 되고, 우군으로서 사회주의 진영은 몰락했으며, 핵개발 등으로 대외적 고립이 심화된 상황에서 고속으로 후계자-수령의 코스를 밟았다. 그래서 김정일은 조선노동당 비서와 정치국 위원이라는 당과 정치 분야 직위를 맡으면서 후계자로 나섰지만 김정은은 국가 위기 상황을 반영하여 당 중앙군사위원회 부위원장의 자리를 통해서 후계자에 올랐다.

김정은의 권력승계는 무난하게 이루어질 것으로 보인다. 현재 김정은은 비교적 빠른 속도로 자기 권력을 확립해나가고 있다. 북한 지도부나 주민들도 김정은 후계체제를 당연하게 받아들이고 있다. 사실 김일성-김정일로 이어진 왕조적 성격을 가미한 북한체제에서 김정은 외에 권력을 담당할 대안도 없다. 김정일 국방위원장은 2008년 뇌혈관계 질환을 겪은 후 자기 운명을 예상해서인지 김정은 후계체제와 관련해서 여러 가지 준비 작업을 했다. 특히 외부적으로는 2010년과 2011년에 중국을 세 번이나 방문하면서 중국을 확실한 후원국으로 만들고 후계체제에 대한 지지를 확보했다. 이러한 김정일 말년의 유산이 새 지도자로서 김정은이 권력을 공고화하는 과정에 많은 도움을 줄 것으로 보인다.

　문제는 중장기적으로도 김정은 체제가 안정될 것이냐 하는 점이다. 이는 김정은의 지도력이 어느 정도인지에 따라 결정될 것으로 보인다. 현재로서는 김정은이 지닌 지도자적 소양이 어느 정도인지 알 수 없지만 가부장적인 가족국가의 성격을 띤 북한에서 김정일이 아들 3형제 중 막내를 후계자로 삼았고, 권력 지도부가 그에 동의했다는 것은 김정은이 지도자로서의 소양을 상당히 지녔음을 시사한다.

　현재까지 나타난 김정은의 통치스타일을 김정일과 비교해볼 때 정책의 공개성과 투명성을 높이고 실용주의를 추구하는 모습이 두드러져 보인다. 2012년 3월에 있었던 한미 키 리졸브Key Resolve 군사훈련 때 북한이 대응 훈련을 실제로 하면서 여차하면 분쟁이 일어날 수 있는 분위기가 조성됐었다. 그런데 북한이 이례적으로 자신들의 군사훈련 영상을 AP통신을 통해 공개했다. 이는 남북 갈등을 푸는 방식에 있어서 물리적 충돌 대신에 명분을 둘러싼 선전 경쟁을 택했음을 뜻한다. 즉, 한미연합 군사훈련으로 인해 부풀어진 풍선처럼 팽팽하게 고조되던 북한 내부의 긴장 분위기에 스스로 바람을 뺀 것이다. 2012년 4월에 발사된 인공위성과 관련해서도 2009년 4월 발사 때와 달리 사전에 국제사회에 충분히 고지하고 발사현장도 외부인사와 각국 언론에 공개했다. 뿐만 아니라 과거와 달리 발사 실패를 즉각 인정했다. 북한정권은 김정일 위원장 영결식을 생중계하고, 아직은 대중연설의 틀이 제대로 잡히지 않은 걸 알면서도 김정은의 연설도 생중계했다. 인공위성 발사와 관련해 유엔 안전보장이사회의 대북규탄 성명이 나왔을 때 많은 이들이 북한이 이에 반발하여 김정일 시대처럼 핵실험을 강행할 것이라고 예상했으나 김정은정권은 이에 대응한 핵실험 계획이 없다고 발표했다.

김정은 체제 출범 이후 북한을 방문한 외국 사람들은 과거에 비해 훨씬 자유롭게 평양 시내와 시장을 돌아다니며 구경했다고 증언하고 있다. 이처럼 김정은 체제가 들어서면서 북한정권의 행동양식이 일정하게 변하기 시작했다. 그리고 그 변화는 과거에는 보기 어려웠던 정책의 실용주의적 측면의 강화로 나타나고 있다. 김정은이 북한 주민과 세계 앞에 자신이 아버지 김정일과 다른 스타일의 지도자임을 보여주고 있는 것이다.

김정일은 어떤 지도자였나?

2011년 12월 17일 북한의 지도자 김정일이 사망했다. 그는 1994년 7월 김일성이 사망하자 뒤이어 권좌에 올라 절대권력으로 북한사회를 통치했다. 김일성 사망 직후 많은 이들이 후계자 김정일이 통치하는 북한이 곧 붕괴할 것이라고 전망했다. 김정일의 권력기반이 취약하고 통치능력도 형편없기 때문에 몇년 버티지 못하리라는 것이었다. 그러나 서방의 일반적인 전망과는 달리 김정일은 심각한 경제난에서도 공고한 권력을 과시했으며, 체제 동요 없이 북한을 이끌어왔다. 그렇다면 과연 김정일은 누구였나?

김정일은 항일유격대 지도자 김일성과 항일유격대원이었던 김정숙 사이에서 1942년 2월16일 소련 영내인 블라디보스토크 근처의 보로시로프 야영에서 태어났다. 북한 문헌들은 김정일이 소련 영내에서 태어났다는 사실을 부정하고 그의 출생지를 백두산 밀영으로 못 박고 있으나 그것은 그를 미화하기 위한 작업이지 사실이 아니다.

해방 후 김정일은 어머니 김정숙을 따라 1945년 11월에 함경북도 웅기항을 통해 귀국했다. 그가 인민학교(즉, 초등학교)에 입학한 것은 1948년이었다. 어린 시절 소년 김정일에게 다가온 가장 큰 충격은 어머니 김정숙의 죽음이었다. 김정숙은 1949년 9월에 사망했다. 북한 문헌들은 김정숙의 사망원인에 대해서 정확하게 밝히고 있지 않지만 당시 아이를 낳다가 사망한 것으로 알려졌다. 그녀는 김정일 외에도 귀국해서 낳은 딸 경희(장성택 국방위 부위원장 부인이자 당 정치국 위원)를 두고 있었다.

김정일은 1954년 9월 인민학교 과정을 마치고 평양 제1초급중학교에 진학했으며 1957년 9월에는 남산고급중학에 입학했다. 그는 어릴 때부터 정치적 야심이 대단했으며, 지도력도 상당했다. 탈북한 황장엽 전 노동당 비서에 따르면 김정일이 1959년 1월 김일성을 수행하여 소련공산당 21차 대회가 열리는 모스크바를 방문했는데, 그때 그가 김일성의 부관들과 의사·간호사 등 수행원들을 집합시켜 놓고 하루 일과를 보고 받고, 여러 가지 지시를 했다고 한다. 이러한 상식 밖의 행동은 김일성이 자기 아들을 끔찍이 여겼기 때문에 가능했겠지만, 한편으로 김정일이 정치적 야심과 지도력에서 남달랐음을 보여준다. 김정일은 소련의 공업·농업 전람관을 관람하면서 황장엽 비서가 통역에 애를 먹을 만큼 소련 사람들에게 기술적인 문제들을 많이 질문했다고 한다. 그래서 "웬 기술에 그리 관심이 많으냐"고 물었더니, "아버님께서 관심을 갖고 있는 문제이기 때문입니다"라고 대답했다고 한다.

김정일은 1960년 9월에 김일성종합대학 경제학부 정치경제학과에 입학했다. 당시의 분위기가 큰일을 하려면 외국 유학을 다녀와야 한다는 분위기였으므로 대부분 그가 유학을 떠날 것으로 추측했다고 한다. 그러나 그는 유학을 떠나지 않고 김일성

대학에서 공부했다. 황장엽 비서의 회고에 따르면 모스크바종합대학을 방문한 김정일에게 소련공산당 조선담당과장이 아부를 한답시고 "동무도 고급중학을 졸업하면 모스크바종합대학에서 공부하시겠지요?"라고 물었더니 김정일이 발끈한 목소리로 "평양에도 김일성종합대학이라는 훌륭한 대학이 있어요. 나는 김일성대학에서 공부할 겁니다"라고 대답했다고 한다.

김정일은 1961년 7월에 조선노동당에 입당했으며 1964년 봄에 김일성대학을 졸업했다. 같은 해 조선노동당 중앙위원회에 배속되면서 본격적인 정치활동을 시작했다. 그의 최초 보직은 김일성의 호위를 담당하는 호위과 지도원이었던 것으로 알려졌다. 당내에서 김정일은 1967년 5월에 열렸던 당 중앙위원회 제4기 15차 전원회의를 계기로 빠르게 부상했다. 그는 이 회의에서 당 고위 간부들이 유일사상을 위배하는 정책을 폈다고 비판하며 이들에 대한 숙청을 주도하고 1960년대 말부터 김일성 개인숭배 캠페인과 주체사상을 '김일성이 창시한 마르크스-레닌주의에 버금가는 사상'으로 바꾸려는 일련의 작업을 이끌었다.

그가 조선노동당 중앙위원이 된 것은 1972년 10월이었다. 곧이어 1973년 7월 당 부장에 임명됐고, 그해 9월 당 비서국의 조직 및 선전 담당 비서를 맡았다. 그리고 1974년 2월에 열린 제5기 8차 전원회의에서는 당내 핵심권력기구인 중앙위원회 정치위원회 위원이 되면서 후계자로 공인됐다. 이때부터 북한 언론은 그를 '당 중앙'으로 호칭하기 시작했다. 김정일은 정치위원에 취임한 직후부터 김일성에 대한 개인숭배를 더욱 강화하는 한편 주체사상을 김일성주의로 정식화하여 김일성-김정일로 이어지는 절대권력을 옹호하는 지배담론으로 변질시켰다.

김정일이 후계자로서 외부세계에 모습을 드러낸 것은 1980년 10월에 열린 조선노동당 제6차 대회에서였다. 이 대회에서 그는 정치국 상무위원회 위원 겸 비서, 당 군사위원으로 선출되었다. 이때를 기점으로 김일성의 현지지도 빈도가 눈에 띄게 줄어드는 대신에 김정일의 실무지도와 시찰이 늘어났다. 김정일이 대외적으로 공식적인 후계자가 되면서 조선노동당을 중심으로 활동하던 1970년대와 달리 김일성의 위임을 받아 사회 전체를 지도하기 시작한 것이다.

김정일은 북한사회를 통치하면서도 1980년대 내내 최고인민회의 대의원을 제외하고는 국가기관에서 어떠한 직책도 맡지 않았다. 그러나 권력승계가 현실적인 과제로 떠오르면서 1990년 5월에 열린 최고인민회의에서 확대 개편된 국방위원회의 제1부위원장에 선출됐다. 1991년 12월에는 1950년 7월 이래 김일성이 맡고 있던 조선인민군 최고사령관으로 추대됐다. 1992년 4월에는 원수 칭호를 받았으며 1993년 4월에는 김일성을 대신해 국방위원회 위원장에 취임하게 된다.

김정일은 1994년 7월 김일성이 사망한 뒤, 3년 동안 유훈통치를 하다가 1997년 10월에 조선노동당 총비서에 추대되었다. 그리고 1998년 9월 5일에는 헌법 개정을 통해서 헌법내용에는 명

시되어 있지 않으나, 북한의 당·정·군이 '국가수반'으로 공인한 국방위원장에 취임했다.

김정일은 2000년 6월 15일 평양에서 김대중 대통령과 최초의 남북정상회담을 개최하고 6·15남북공동선언을 발표했으며, 2007년 10월에는 노무현 대통령과 두 번째 남북정상회담을 개최하여 10·4남북정상선언을 발표했다. 이후 2008년 8월에 뇌졸중으로 쓰러진 뒤 3남 김정은을 후계자로 내세워 빠르게 후계체제를 확립했다. 그리고 2011년 12월 17일에 지병이 악화돼 사망했다. 2012년 4월 북한정권은 그를 조선노동당의 '영원한 총비서'와 국방위원회의 '영원한 국방위원장'으로 추대했다.

이상에서 살펴본 김정일의 이력은 그가 만만치 않은 인물이었음을 보여준다. 그러나 그에 대한 남한사회의 평가는 매우 부정적이다. 어떤 이들은 그의 생전에 북한의 기아 참상을 보고서 그가 주민의 굶주림을 통치 수단으로 삼는다고까지 주장했다. 그러나 제6장에서 살펴보았듯이 북한과 같은 극단적인 개인숭배 체제에서는 '전지전능'하다고 선전되는 '수령'이 인민의 하루 세 끼 밥을 보장하지 못한다면 그 자체로 중대한 체제 동요 요인이 되기 때문에 그러한 주장은 설득력이 약하다. 김정일에게도 인민이 배곯는 상황은 자신의 권력을 위협하는 심각한 위험이었다.

김일성 사망 직후 김정일이 북한의 새로운 지도자가 되었을 때 남한사회의 김정일에 대한 이해는 아주 천박했으며 부정일변도였다. 당시 그는 포악한 성격과 국제정세에 무지한 폐쇄성, 즉흥성 등 지도자로서 결격 사유가 너무나 많은 인물로 묘사되었으며, 전문가라는 이들조차 대부분 그가 지도하는 북한은 수년 내에 붕괴할 것이라고 예상했다. 그러나 시간이 지나면서 김정일이 국제정세에 비교적 밝고 상당한 식견과 지도력을 갖추었으며 북한체제를 카리스마적으로 지배하고 있다는 사실이 밝혀졌다.

물론 김정일의 이러한 소양이나 리더십이 그를 평가하는 궁극적인 기준이 되지는 못한다. 그가 북한사회를 이끌어온 절대권력자였다는 점에서 그에 대한 평가는 그가 만든 북한사회의 모습과 연결시켜 내리는 수밖에 없다. 결국 김정일이 이끌어온 지난 시기의 북한 역사와 그 결과로서 존재하는 현재의 북한사회의 모습으로 김정일을 평가할 수밖에 없는 것이다. 그래야 우리는 지도자와 대중이 얽혀 만들어진 북한의 역사와 현실을 좀 더 객관적으로 볼 수 있다. 이렇게 볼 때 김정일 시대는 북한이 최대의 위기를 맞은 시기였으며, 그의 후계자 부상시기 또한 북한사회의 부정적 요소들이 누적된 시기였다는 점에서 김정일은 실패한 지도자였다는 평가에서 벗어나기 어려울 것 같다.

김일성을 어떻게 볼 것인가?

김일성은 1994년 7월에 사망할 때까지 48년간 절대권력을 가지고 북한을 통치한 지도자였다. 김일성만큼 현대사에서 다양하게 인식되고 평가받는 인물도 드물다. 남북대결의 긴 세월 덕분에 그에 대한 대중적 이미지는 남과 북에서 극단적으로 다르게 나타난다. 그는 북한 주민 대부분에게 전인적인 만능의 존재로서 최상의 존경과 경외의 대상이다. 반면에 남한에서는 한국전쟁의 '주범'이자, 북한을 공산독재체제로 만든 장본인이라는 지극히 부정적인 이미지로 각인되어 있다. 그를 만났던 외국인들에게조차 그의 이미지는 천차만별이다. 독일의 저명한 여류작가 루이제 린저는 그를 만나고 느낀 소감을 괴테가 나폴레옹을 두고 했다는 "저기 한 인간이 있도다"라는 말로 대신했다. 그러나 옛 동독의 마지막 북한주재 대사 한스 마레츠키는 그를 '전제왕조의 제왕'으로 묘사했다.

이렇듯 김일성을 보는 인식은 그들이 살아가는 공동체의 성격과 개인의 가치관에 따라 크게 다르다. 그러나 지도자에 대한 역사적 평가는 개인의 성격이나 취향이 아니라 그가 역사라는 공공의 영역에 남긴 궤적에 대해서 내려진다. 따라서 김일성의 경우에도 그가 한반도 및 북한 역사에 미친 영향을 중심으로 평가하는 것이 온당할 것이다. 이런 관점에서 보면 김일성에 대한 평가는 다음의 세 가지 차원에서 내릴 수 있다. 첫째, 김일성은 젊은 시절 일제식민 통치에 대항함으로써 항일운동사에서 결코 무시할 수 없는 발자취를 남겼다. 둘째, 김일성은 북한군 최고사령관으로서 남침을 감행하여 한국전쟁을 일으킨 장본인이었다. 셋째, 김일성은 통치기간 동안 북한사회를 사유화함으로써 오늘의 독재와 저발전을 초래한 과오를 남겼다. 이 세 가지 평가를 중심으로 김일성에 관해 좀 더 살펴보자.

먼저 김일성은 공산주의 항일운동가로서 뚜렷한 족적을 남겼다. 그는 1932년에 만주의 연변지방에서 항일유격투쟁에 뛰어든 이래 해방이 될 때까지 지속적으로 일본에 저항했다. 그는 동북항일연군 제1로군 6사 사장 시절인 1937년 6월 압록강 상류의 국경지방인 함경남도 보천보를 공격했는데, 당시 국내 신문들이 이 소식을 호외로 발행하여 대대적으로 보도함으로써 세상에 널리 알려지게 되었다. 특히 일장기 말살사건으로 무기 정간에서 막 풀려난 동아일보는 6월 5일에만 두 차례에 걸쳐 호외를 발행할 정도로 이 사건에 관심을 보였다. 1998년 10월 동아일보는 이 신문기사의 인쇄 원판을 순금으로 만들어 김정일 위원장에게 선물하기도 했다. 이 원판은 지금 북한의 묘향산에 있는 국제친선전람관에 전시돼 있다. 이러한 언론의 관심은 암흑기로 빠져든 식민지 조선상황의 탈피욕구를 반영한 것으로 볼 수 있다. 이 사건을 계기로 김일성이라는 이름이 국내 민중에게까지 널리 알려지게 되었다. 그는 1937~1938년에 함경남도 북부지방과 압록강 북쪽 중국 지역의 장백현 일대에 사는 조선인들을 대상으로 반일민족통일전선조직인 조국광복회를 조직하기도 했다. 이 조국광복회 조직운동은 739명의 조직원이 검거되는 이른바 '혜산사건'으로 그 실체가 알려지게 되었는데, 이 역시 항일운동사에서 중요한 위치를 차지하는 사건이었다.

김일성이 이끄는 유격대는 일제의 가혹한 탄압으로 대부분의 항일운동이 질식 상태에 있던 1940년 3월에도 백두산 인근 홍기하紅旗河라는 곳에서 일제 토벌대 180명을 전멸시키는 전과를 올리기도 했다. 1940년 10월 김일성은 일제의 대토벌을 피해서 소련-만주 국경을 넘어 소련 영내로 들어갔으며 그곳에서 만주 항일유격대 출신 중국인과 조선인들이 소련의 도움으로 만든 연합 망명 부대인 '88여단'의 영장을 지냈다. 그는 해방 후 1945년 9월 원산을 통해 귀국했다.

전쟁중의 김일성과 중국 인민지원군 총사령 펑더화이. 김일성은 항일유격 투쟁을 같이한 경험으로 중국공산당 지도자들과 긴밀한 관계에 있었다.

　이처럼 김일성은 항일투쟁의 경력을 지녔으며, 특히 민족의 암흑기였던 1930년대 말에 무력 투쟁을 전개하고 항일민족통일전선 구축을 시도했다. 그가 공산주의자이며 더욱이 북한의 최고통치자였기 때문에 남쪽에서는 그의 항일시기 활동이 무시되거나 '가짜'라며 조롱거리가 되어왔지만 실제로 그는 주목할만한 궤적을 남긴 항일운동가였다.

　해방 후 북한으로 돌아온 김일성은 이후 반세기 동안 우리 역사에 개입했다. 따라서 한국현대사에서 김일성이 남긴 더 큰 유산은 50년간 북한사회를 통치하면서 그가 남긴 것들이라고 할 수 있다. 그중에서도 한국전쟁을 일으킨 것은 김일성이 우리 민족의 운명에 끼친 가장 큰 죄과였다. 김일성은 1949년 10월 국공내전에서 중국공산당이 승리하는 것을 보면서 '민족해방전쟁'이라는 명분 아래 스탈린과 마오쩌뚱을 설득하여 전쟁을 도발했다.

통일을
보는 눈 186

김일성은 단기간에 남한 점령이 가능할 것으로 보고 전면적인 남침을 시도했으나 뜻대로 되지 않았다. 미군의 참전과 중공군 개입으로 전쟁은 장기화되고 그 과정에서 엄청난 참극이 벌어졌다. 전쟁은 이러한 참상을 연출한 것으로 끝나지 않았다. 전쟁이 종식된 것이 아니라 전쟁의 중단을 의미하는 정전停戰(곧 휴전)상태로 끝남으로써 이후 남과 북은 서로에 대한 적개심을 불사르며 격렬한 대립과 갈등을 지속해왔다. 이 과정에서 민족 구성원들의 정서는 피폐해졌고, 권력자들은 상대방의 위협을 빌미로 독재체제를 구축했다.

　남북 분단을 야기했던 냉전이 해체된 지 이미 20년이 넘었지만 아직까지도 남과 북은 법적으로는 정전협정에 바탕을 둔 임시적인 전쟁중단 상태에서 벗어나지 못한 채 여전히 소모적이고 적대적인 대결을 지속하고 있다. 결국 오늘날까지 이어지고 있는 이 민족적 비극의 1차적인 책임이 김일성에게 있는 것이다.

　한편 김일성은 북한 통치자로서 그가 만든 현대 북한의 모습에 대해 책임이 있다. 북한의 정치체제나 사상, 노선 등에 대해서는 보는 시각에 따라 여러 평가가 나올 수 있다. 그러나 구조화된 심각한 경제난과 외교적 고립 등 현대 북한을 상징하는 부정적인 모습은 피할 수 없는 김일성 통치의 결과물들이다. 사실 북한이 수령의 나라라는 점에서 북한의 피폐된 모습은 온전히 김일성-김정일 지도의 결과이며, 특히 현대 북한의 주춧돌을 놓은 김일성 통치의 문제점을 드러낸 것으로 볼 수 있다.

평양 모란봉경기장(김일
성경기장)을 둘러보는 김
일성과 김정일.(1992) 김
일성은 오랜 기간 동안
김정일을 후계자로 키우
며 세습체제를 만들었다.

　　무엇보다도 김일성은 개인숭배와 권력세습이라는 부정적인
요소들을 북한사회에 남겼다. 북한에서 개인숭배는 김일성 유
일사상체계 확립을 명분으로 한 대대적인 숙청이 전개되는 가
운데 1967년 5월부터 본격화되었다. 이때 김일성 개인숭배를 거
의 종교의식 수준으로 끌어올린 이가 바로 후계자 김정일이었
다. 절대권력자일수록 자신의 사후에 대해서 걱정하게 마련이
다. 그리고 이러한 사후에 대한 우려 때문에 후계문제가 발생한
다. 김일성은 자신의 아들인 김정일로의 권력이양이라는 세습을
택함으로써 이 문제를 해결했다. 바로 이 세습을 위해서 그는
일찍이 1960년대 후반부터 김정일을 권력 중심에 등용시켰으며,

그에게 개인숭배 캠페인과 당시 김일성 사상으로 규정된 주체사상을 김일성의 통치이데올로기로 변질시키는 작업을 맡겼다.

1974년에 후계자로 공인된 김정일은 그의 아버지 김일성의 권위를 절대화하는 작업을 더욱 강화하고 그 과정에서 자신도 김일성과 절대권력을 공유하게 되었다. 그러나 이러한 권력의 세습은 북한사회발전에 결정적으로 부정적인 영향을 미쳤다. 어떠한 사회도 자신의 행위를 되돌아보고 반추할 수 있는 시스템을 갖추지 못하면 극단적인 주관주의가 팽배하게 되고, 사회발전의 길은 막히게 되는 법이다. 북한에서는 아버지와 아들로 절대권력이 세습되고, 그 과정에서 아들이 수령인 아버지를 절대화함으로써 자기 반성이 작동할 수 있는 여지가 원천적으로 봉쇄됐다. 이는 마오쩌둥 사망 후 덩샤오핑이 집권하여 문화혁명의 광기를 몰고 온 마오의 극좌노선을 비판하며 개혁개방을 추진한 중국과 대조적이다.

북한정치는 김일성 1인 절대권력체제의 강화와 후계자 김정일에 의한 권력승계라는 단선적 정치과정을 거침으로써 스스로를 반성하거나 되돌아볼 수 있는 여지를 봉쇄했다. 김일성이 해온 모든 통치스타일은 김정일에 의해서 오히려 강화된 형태의 개인숭배 체제로 합리화되었으며, 1960년대에 만들어진 김일성의 교조적인 경제운용방식은 현실에 맞게 수정되는 대신에 더욱 교조화되어 김정일에게 계승되었다. 바로 이 점이 지도자 김일성이 오늘의 북한에 진 가장 큰 부채라고 할 수 있다.

김일성 '가짜'론

우리 역사에 실재했던 인물 가운데 그의 경력이 과장되거나 왜곡되어 알려져 있는 경우는 드물지 않다. 그러나 과거를 송두리째 의심받는 사람은 거의 없다. 김일성의 경우는 다르다. 김일성에 대해서는 많은 남한 사람들이 그의 과거를 의심하고 있다. 특히 그가 전개한 '항일유격투쟁'에 대해서는 아직도 상당수 사람들이 전면적으로 부정하고 있다. 그들은 오랫동안 우리사회의 통설로 자리 잡았던 "김일성은 만주에서 '항일유격투쟁'을 전개한 전설적인 영웅 김일성 장군의 이름을 도용한 가짜"라는 믿음을 가지고 있다. 반면에 북한에서 그는 신의 위치로까지 올라갔다. 그는 암흑기인 1930년대에 독자적으로 '조선인민혁명군'을 만들어 일제에 대항했으며 1945년 8월에는 일제를 격파하고 조국을 해방시킨 '불세출의 영웅'으로 선전된다.

그렇다면 진실은 무엇일까? 김일성은 남한에서 생각하는 것처럼 '가짜'가 아니다. 그는 분명히 1931년부터 1940년 10월까지 만주에서 일제에 대항해서 '항일유격투쟁'을 전개했던 인물로 그 후 소련으로 피해 있으면서도 만주 지방과 조선북부 지방으로 계속 정찰대를 파견하는 등 항일활동을 지속했다. 그렇다고 그가 북한에서 주장하는 것처럼 '조국을 해방시킨 은인'도 아니다. 그는 북한이 주장하는 것처럼 조선인들로만 이루어진 독자적인 부대를 지휘하고 있었던 것이 아니라 중국공산당 지휘

계통의 조중연합 항
일부대를 지휘하고
있었다. 그리고 그를
항일시기 유일지도자
로 부각시키는 북한
의 설명과 달리 당시
최용건, 김책, 전광,
허형식 등 그와 비슷
하거나 보다 높은 지
위에서 항일부대를

이끌던 조선인 공산주의자들도 여럿 있었다.

남한사회에 '가짜 김일성론'은 널리 퍼져 있지만 정작 '가짜 김일성론'을 주장하고 이를 체계화한 학자는 매우 적다. 독보적으로 이를 체계화한 이가 고 이명영 교수다. 오늘날 우리 사회의 '가짜 김일성론'은 대부분 이명영 교수의 연구에 기반을 두었다. 그런데 김일성은 가짜가 아니다. 다시 말해서 '가짜 김일성' 주장은 사실이 아니다. 조금 복잡하지만 '가짜 김일성론'이 왜 사실이 아닌지 살펴보자.

이명영 교수는 두 가지 방향에서 김일성 연구를 진행했다. 첫째 방향은 전설적인 김일성 장군의 정체를 밝히는 것이었다. 이 교수가 북한의 김일성이 가짜라는 것을 입증하기 위해서는 무엇보다도 '북한의 김일성'과 다른 진짜 김일성 장군이 만주벌판에 존재했다는 것을 규명하는 것이 중요했다. 그래서 일단 독립운동가라면 누구나 그의 이름을 계승하고 싶어 하는 전설적인 김일성 장군의 존재부터 찾기 시작했다. 그 결과 그는 1920년대 전반까지 몇 명의 전설적인 김일성 장군이 존재했음을 확인했다고 주장했다. 그러나 이를 뒷받침할만한 문헌을 자료로 제시하지는 못했다. 전설적인 김일성 장군이 있었다는 '카더라' 식 주장에 그친 것이다.

이 교수의 두번째 연구방향은 1930년대 만주에서 활동하던 항일유격대 내에 '북한의 김일성'과는 전혀 다른 유격대장 김일성이 있었음을 증명하는 것이었다. 다시 말해서 1920년대까지 만주에서 전설적인 김일성 장군이 존재했고 1930년대에는 그의 이름을 딴 유격대장 김일성이 있었는데, 이 사람은 '북한의 김일성'과 전혀 다른 인물이라고 보는 것이다.

흥미로운 것은 이명영 교수가 1930년대 만주에서 '항일유격투쟁'을 한 김일성이 하나가 아니라 여러 명이었다고 주장하며 '북한의 김일성'도 그중 하나였다고 말한다는 점이다. 이 교수는 '북한의 김일성'은 본명이 김성주(金聖柱, 이 한자 이름에 주목하라)로서 어린 시절 만주로 건너간 뒤 반일운동을 하면서 한때 김일성金一星이라는 다른 이름을 가지고 활동하다가 1932년 여름 이후 모든 일제 문헌에서 자취가 사라졌으며, 1945년 10월에 평양에 다시 나타났다고 주장했다.

그러면서 이 교수는 절묘하게도 '북한의 김일성'이 사라진

1930년대 만주유격투쟁의 현장에 대를 이어 두 명의 진짜 김일성이 있었다고 주장했다. 그에 따르면 제1대 김일성은 본명이 김성주(金成柱, 이 한자 이름도 매우 중요하다. 이 교수는 북한의 김일성은 결코 金成柱가 아니라고 주장하고 있다)로서 함남 태생의 모스크바공산대학 출신으로 동북항일연군 제6사장을 지냈으며 보천보 전투를 지휘했으나 1937년 11월에 전사했다고 한다. 그가 전사하자 본명이 김일성金一星인 용정 대성중학 출신의 소련군 장교가 1938년 봄 그의 후계자로 만주에 파견되어 김일성金日成의 이름을 이어받았다는 것이다. 이 2대 김일성은 동북항일연군 제1로군 2방면군장이 되었으며 1940년 12월 일제의 토벌을 피해 소련으로 들어갔으나 1944년에서 1945년 사이에 소련에서 죽었으리라는 것이 이명영 교수의 추측이다.

이명영 교수는 많은 일제자료를 섭렵하여 '가짜 김일성론'을 완성시켰다. 그러나 그는 일제 첩보자료나 조사 자료에 나타나는 '북한의 김일성'을 시기별로 여러 명의 김일성으로 억지로 나누고, 이들이 마치 '북한의 김일성'과 다른 인물인 것처럼 의도적인 갈라치기를 해서 '가짜 김일성론'을 완성시켰다. 그의 주장과 달리 1930년 이후 만주의 일제 관헌자료에 나오는 金聖柱, 金成柱, 金一星, 金日成은 모두 본명이 金成柱인 북한의 金日成을 가리키는 것이다. 1930년대 일제치하의 만주에서 항일운동을 하기 위해서는 본명을 숨기고 가명을 쓰는 것이 보편화되어 있었으며, 일제는 항일운동가들을 소탕하기 위해 이들에 대한 정보 수집에 열을 올리고 있었다, 이때 일제 정보기관이 탐문 등을 통해서 항일운동가의 신원을 캐다 보니 음_音은 같되 훈(한자의 뜻)訓이 다르게 이름이 파악되는 경우가 허다했다. 김일성도 마찬가지의 경우였다.

사실 '가짜 김일성론'의 오류는 일제 관헌자료나 관련 문헌들을 조금만 세밀히 살펴보아도 알 수 있다. 그 증거를 제시해보도록 하겠다.

첫째, 이 교수는 '북한의 김일성'이 '진짜'인 1대, 2대 김일성과 전혀 다른 인물임을 밝히기 위해서 그가 '평안남도 대동군 고평면 남리' 출생이라는 사실을 공들여 밝혀냈다. 그러나 이 김일성, 즉 '북한의 김일성'이 항일연군 제6사 사장 金日成과 동일인임을 증명하는 일제 관헌자료가 남아 있다. 김일성이 주도하여 조직한 조국광복회라는 항일단체가 발각되면서 조직원 수백명이 검거된 이른바 '혜산사건'을 다룬 조선총독부 고등법원 검사국 사상부에서 펴낸 『사상휘보』는 김일성의 신원에 대해 다음과 같이 기술하고 있다.

"함경남도 국경지대 압록강 일대에 할거하고 있는 이른바 김일성 일파로 칭하는 무장단은 동북항일연군 제1로군 제2군 제6사로서 김일성金日成을 사장, 위민생을 정치위원으로 하는 조선인과 중국인 혼합의 무장단이며 김일성의 신원에 대하여는 여러 설이 있으나 본명은 김성주金成柱, 당29세, 평안남도 대동군 고평면 남리 출신으로서 어렸을 때 실부모를 따라 간도방면으로 이주하여 이 지방에서 성인이 되어 무장단에 투신한 조선인이라는 것이 가장 확실하며 (…)"

김일성과 고락을 같이했던 항일유격대원들을 고문해서 얻어 낸 이 정보 자료에 등장하는 김일성은 '북한의 김일성'의 신원과 정확히 일치한다. 이명영 교수는 이 문헌을 간과하고 지나침으로써 '가짜 김일성'론을 완성시킬 수 있었다.

둘째, 이명영 교수가 1대 김일성(본명:金成柱)과 '북한의 김일성'을 구분하기 위해 고수했던 '북한의 김일성'의 본명=金聖柱, 1대 김일성의 본명=金成柱라는 주장도 일제관헌자료에 의해서 허구로 밝혀졌다. 앞에서 인용한 『사상휘보』에서도 북한 김일성의 본명이 金成柱라고 밝히고 있지만, 그는 1930년에 보고된 만주의 일제 첩보자료에도 金成柱로 등장한다. 사실 우리 발음으로 김성주, 김일성이라는 이름의 공통성을 가진 3인의 유격대원이 수백 명의 인원밖에 안 되는 항일부대 안에 있었다는 주장 자체가 믿기 어려운 것이다.

셋째, 이명영 교수가 주장하는 이른바 '김일성 행명론行名論'도 항일운동의 현장을 공부한 이들이 볼 때 말이 안 되는 것이다. 이 교수는 김일성이나 2012년 현재 북한 인민군 총정치국장인 최용해의 아버지인 또 다른 유격대 지도자 최현이 죽었을 때 그들의 이름을 따서 제2대 김일성, 제2대 최현이 출현했다고 주장했다. 그러나 '항일유격투쟁' 기간 중 중국공산당 지도자들은 말할 것도 없고 조선인 지도자 중에서도 이홍광, 이동광 등 김일성이나 최현을 능가하는 뛰어난 지도자들이 무수하게 죽어 갔다. 그러나 그들이 전사했을 때 그들의 이름을 따서 제2의 이 홍광, 제2의 이동광이 출현하지는 않았다. 항일운동 기간 중 명 망 있는 중국인 지도자들이 수없이 죽어갔지만 오늘날 중국문 헌 어디에서도 죽은 이의 이름을 딴 제2의 인물이 출현했다는 기록은 없다. 그렇다면 유독 김일성과 최현만이 죽었을 때 그들 을 대신할 제2의 김일성, 제2의 최현이 나올 수 있는 것일까?

넷째, 1990년대 이후 중국정부가 만주에서 공산주의자들이 전개한 항일운동관련 기록을 65권의 자료집으로 발간했는데, 여기에는 '북한의 김일성'과 관련된 기록도 그대로 실렸다. 동 북항일연군 제1로군 제2방면 군장인 김일성이 그의 부인 김정 숙 등 일군의 유격대를 이끌고 1940년 10월에 소만국경을 넘 어 소련 땅으로 들어간 기록도 실려있다. 뿐만 아니라 중국에 서 출판되는 만주항일운동 관련 문헌에는 북한의 김일성과 관 련한 활동내용이 숱하게 실려 있다. 물론 이 기록과 문헌들 속 에서 '항일유격대 지도자 김일성'은 '북한의 김일성'이 유일하다. 이밖에도 1990년대까지만 해도 북한의 김일성과 함께 항일무 장투쟁을 전개했던 중국인들이 적잖게 생존해 있었으며 지금도 일부 살아있다. 이들 중 상당수가 회고록을 남겼는데, 거기에는 북한의 김일성과 함께 활동했던 날들에 관한 서술도 등장한다.

결론적으로 일제 관헌자료에 나타나는 김일성은 모두 '북한 의 김일성' 한 사람을 가리키는 것이다. 이렇게 보면 복잡할 것도 없다. 이명영 교수가 한 명의 김일성을 '가짜 김일성'을 만들어 내기 위해 억지로 3명으로 분리시키면서 만주 '항일유격투쟁'에서 김일성 신원을 확인하는 일이 마치 난해한 작업인 양 둔갑한 것이다.

김일성은 일제가 파헤친 대로 평안남도 대동군 고평면 남리(현재의 만경대)에서 1912년 4월 15일 아버지 김형직과 어머니 강반석 사이에서 3형제의 장남으로 태어났다. 어릴 때 이름은 김성주金成柱였다. 우리가 공산주의자 김일성을 연상할 때 의외로 느껴질지도 모르지만 그는 기독교도 집안에서 태어났다. 김형직은 그가 태어났을 때 평양의 유명한 미션스쿨인 숭실중학 학생이었으며, 강반석은 독실한 기독교집안 출신의 교인이었다.

김일성의 가족은 1919년에 만주로 이주했으나, 그가 조선에서 교육받기를 원했던 부모의 뜻에 따라서 1923년 혼자 평양으로 돌아와 외가에서 머물며 창덕학교에 다녔다. 그러나 1925년에 아버지 김형직의 병세가 위독하다는 소식을 듣고 다시 만주로 건너갔으며, 1926년 3월 민족주의 계열의 화성의숙에 입학했다. 1927년에 중국인들이 다니는 학교인 길림의 육문중학에 진학했고 1929년 가을에 반일활동혐의로 중국군벌당국에 체포되어 수개월 동안 감옥살이를 했다.

김일성이 항일무장투쟁에 본격적으로 나선 것은 1931년 9월에 일제가 만주사변을 일으키면서부터였다. 만주사변이 발발하자 김일성은 백두산 산록에 위치한 안도현 소사하에서 소수의 동료들과 함께 중국 구국군 부대 산하에서 별동대를 조직했다. 이 부대를 북한에서는 '반일인민유격대'라고 부르고 있으며, 그 창설일인 1932년 4월 25일을 북한군 창군 기념일로 삼고 있다. 이때부터 1930년대와 1940년대 초반 일제자료에 나오는 항일 유격대 지도자 김일성金日成은 바로 그를 가리키는 것이다.

한편 얼마 전까지만 해도 우리에게 김일성은 학문적 연구 대상이 될 수 없었다. 분단상황에서 적대 세력의 '수괴'인 김일성에 대해서 설령 일제식민지 시기의 활동이었다 하더라도 긍정적으로 묘사하는 것은 터부시됐다. 지금 보면 황당하기 짝이 없는 '가짜 김일성론'이 학계에서조차 받아들여진 데는 이러한 분위기가 작용했다. 기존의 김일성 연구는 그저 가짜 김일성이 '얼마나 반민족적, 패륜적, 독재 행위를 저질렀는가'를 묘사하면 그것으로 족했다. 그러나 1980년대 말부터 국내외의 김일성 연구에 새로운 전기가 마련되기 시작했다. 김일성과 관련한 일제 관헌자료가 연구자들 사이에 공유되면서 한국과 일본에서 이 분야의 연구가 진전되고, 개혁개방의 파고를 틈타 중국에서 자료가 발굴되고 실사구시적 연구가 잇따라 선을 보였다. 이를 계기로 점차 우리 사회에 횡행하던 '가짜 김일성론'의 허구도 드러나게 되었다.

그런데 남한학계의 김일성 연구가 '가짜 김일성'이라는 유령에 매달리면서 진실을 보지 못한 것과는 정반대로 북한학계에서는 그의 활동을 '신화화'함으로써 역사적 사실을 지나치게 과장하고 왜곡해왔다. 북한 역사가들은 '항일유격투쟁'의 역사를 김일성의 유일한 지도 아래 이루어진 것으로 묘사하며 그의 활동을 신화화했다. 그리고 이 신화화는 김일성 카리스마의 중요한 기초가 됐다. 다른 곳에서는 '항일유격투쟁'에 대한 그의 신화적 이미지도 붕괴되었지만 북한에서는 현재도 여전히 신화화된 그의 '항일유격투쟁'이 사회를 움직이는 힘으로 작용하고 있다.

제9장

평화와 번영의 한반도를 위하여

우리는 북한에 대한 정책을 대북정책이라고 부른다. 또 통일정책이라고도 한다. 엄밀히 말하면 대북정책은 직접 북한을 상대로 하면서 전개하는 정책을 뜻하며, 통일정책은 통일문제와 관련한 제반 정책을 포괄적으로 가리키는 것이다. 이렇게 보면 대북정책은 통일정책의 부분집합이라고 할 수 있다. 그러나 북한문제와 직간접적으로 관련되지 않는 통일정책이 없다는 점에서 보다 느슨한 의미에서 대북정책은 통일정책과 혼용해서 쓸 수 있다.

남북관계에서 적대적 대결상태를 벗어나 평화와 협력의 시대로 나아가기 위해 역대 남한정부가 제시한 대북정책이 포용정책이었다. 이 정책은 냉전 해체기였던 1990년을 전후해서 정권을 담당했던 노태우 대통령이 펼친 북방정책과 남북대화정책에서 그 기원을 찾을 수 있으나, 이를 체계화하여 본격 추진한 것은 김대중정부부터였다.

대북포용정책은 강력한 안보태세에 바탕을 두고, 남북간에 화해와 교류협력을 실현하여 평화를 정착시키고 남북의 공동 번영을 이루려는 노선이다. 이 정책은 안보와 대화라는 이중의 프로그램을 동시에 수행하려는 것으로서, 남북관계를 특징짓는 현재의 분단 상태를 평화적으로 관리하며, 평화정착과 공동번영을 실현하여 통일로 나아간다는 목표를 추구한다. 여기서 분단의 평화적 관리는 안보태세의 강화를 통해서 실현되며, 평화정착과 공동번영은 남북교류와 대화를 통해서 달성된다.

대북포용정책은 전쟁을 방지하고 남북관계를 개선하여 평화공존을 실현하기 위하여 다음과 같은 3대 추진 원칙을 제시했다. 첫째, 평화를 파괴하는 일체의 무력도발 불용이다. 한반도에서 평화의 토대를 튼튼히 함으로써 무력충돌을 방지하며, 안보태세를 확립하여 유사시 무력도발에 대해서는 단호한 대응조치를 취하겠다는 것이다. 둘째, 흡수통일 배제다. 우리는 북한을 적대하거나 흡수통일할 의사가 없으며 나아가 북한의 붕괴를 촉진하는 그 어떤 행동도 하지 않겠다는 것이다. 셋째, 화해·협력의 적극적인 추진이다. 분단 이후 누적돼온 남북간의 뿌리 깊은 적대감을 해소하고 상호 이해의 기초를 마련하기 위해서 우선 가능한 분야부터 화해·협력을 추진해나가겠다는 것이다. 이러한 대북포용정책의 원칙과 그에 기초한 내용은 냉전의 해체와 더불어 남북한 체제역량 역전과 같은 내외의 변화를 반영하여 정해졌다.

포용정책은 한반도 평화통일을 위해 우선 남북한간에 평화를 정착시키겠다는 당면목표를 제시했다. 평화적 통일은 지난한 과제이지만 우리가 반드시 실현해야 할 궁극적인 목표다. 그러나 지금은 통일을 위해서 그 기반이 되는 평화정착을 추구하는 것이 필요한 때이며, 이 평화정착을 위해서 남북이 적대성을 해소하고 화해협력의 길로 나아가 공존의 틀을 마련하는 것이 절실한 때다. 바로 이 공존의 틀을 만들고 평화정착을 실현하려는 정책이 포용정책인 것이다.

대북포용정책은 김대중정부 시절에는 햇볕정책으로 불리었으며 노무현정부에서는 평화번영정책으로 불리었다. 포용정책을 영어권에서는 'Engagement Policy' 혹은 'Sunshine Policy'라고 부르며 중국에서는 '양광정책陽光政策', 일본에서는 '태양정책太陽政策'이라고 불렀다.

포용정책을 추진하면서 김대중정부는 갈등과 적대적 대결로 일관하던 기존의 남북관계를 화해와 협력의 관계로 바꾸는 노력에 집중했다. 패러다임의 대전환을 추구한 것이다. 이에 비해 노무현정부는 화해·협력의 관계를 지속하면서도 그 성과를 바탕으로 남북간에 평화를 제도적으로 정착시켜 남북관계를 한 단계 업그레이드하려고 했다. 다시 말해, 김대중정부가 남북관계의 질을 바꾸려고 했다면, 노무현정부는 바뀐 관계에 내용을 채우려고 했다. 따라서 노무현정부의 포용정책은 김대중정부가 개척한 남북관계의 재설정(햇볕정책) 위에서 남북관계를 제도화

(평화번영정책)하는 방향으로 계승적 발전을 추구했다고 볼 수 있다.

포용정책은 김대중-노무현정부 기간 동안 남북관계의 발전과 한반도 평화 증진을 위해 많은 성과를 냈다. 물론 부족한 점들도 있었다. 그러나 이명박정부가 포용정책의 계승을 거부해 이 정책은 현재 재야 이론의 위치로 물러나 있다.

이명박정부는 포용정책을 부정하고 '비핵개발 3000' 정책을 폈으나 실패했기 때문에 결과적으로 포용정책의 유용성이 다시 한번 주목받고 있다. 문제는 새로운 정부가 포용정책을 다시 추진할 때 이 정책이 온전히 기존의 포용정책일 수는 없다는 것이다. 기존의 포용정책을 보완 발전시킨 새로운 포용정책이어야 한다. 지금까지의 남북관계 발전과 변화된 한반도 상황을 고려하고 기존 포용정책의 추진과정을 되돌아보며 지속할 것과 부족했던 점들을 가려내 보완하는 한 단계 진화한 대북정책이 필요하다. 백낙청 교수는 이를 '포용정책 2.0'으로 명명하고 분단체제 극복을 향한 시민참여의 획기적 강화와 남북연합 건설을 핵심과제로 삼아야 한다고 주장했다.

그렇다면 진화한 포용정책에는 어떤 내용들이 새롭게 담겨야 할까? 무엇보다도 남북관계에 각계각층의 시민과 기관이 폭넓게 참여하는 틀을 마련해야 한다. 기존의 포용정책은 남북당국이 남북관계를 주도하는 형식을 취했다. 이는 적대적 대결의 남북관계 상태에서 북한을 상대하다 보니 불가피한 측면도 있었다. 그러나 이제는 남북관계를 중앙정부가 권위적으로 독점하는 것이 아니라 보다 많은 시민이 보다 큰 목소리로 참여하고, 이해관계를 지닌 지방자치단체들의 발언권이 보장되어야 하며 남북정당의 참여를 확대해나가야 한다.

무엇보다도 남북관계 제반 논의에 시민사회의 참여를 제도적으로 보장할 필요가 있다. 이를 통해 국민적 합의기반을 강화하고 통일논의를 정부가 독점했을 때의 폐해를 막아야 한다. 또한 남북교류와 대북지원에서 시민사회의 역할을 확장하고 증가시킴으로써 광범한 접촉을 통한 화해와 민족 동질성의 회복을 추구해야 한다. 남북의 교류와 만남을 정부끼리만이 아니라 다방면의 민간 차원에서도 시도하자는 것이다. 이렇게 남북관계가 다차원으로 확대될 경우 남북관계의 기초가 튼튼해지고 관계개선에 대한 사회적 합의도 견고해져서 특정세력이 이 흐름을 퇴행시키려 해도 그만큼 어려워질 것이다. 특히 정당의 참여는 민의를 반영할 뿐만 아니라 정권 변동에 따른 남북 합의의 이행 거부와 같은 사태를 방지함으로써 남북관계의 안정적이며 지속적 발전에 기여할 수 있다.

한 단계 진화한 포용정책은 문화와 환경·생태를 고려해서 지속적으로 발전 가능한 한반도의 미래를 보장하는 방향으로 남북관계를 만들어나가야 한다. 과거 노무현정부는 남북간 군사적 긴장 완화와 평화 증진을 목표로 한강하구의 골재 채취를 북측에 제안했다. 그러나 이 제안은 한반도의 젖줄인 한강하구의 환경보전에 대한 고려가 없었다는 점에서 단견이었다. 환경과 문화가 보전되는 남북간 평화 협력 사업을 개발할 필요가 있다.

한편 이제 포용정책은 평화를 위한 정책을 넘어서서 경제발전과 복지증진을 가져오는 방향으로 적극 그 비전을 제시해야 한다. 한반도 및 동북아에서 정세가 새롭게 변화하면서, 남북관계의 진전과 한반도 평화증진이 튼튼한 안보를 가져다 줄 뿐만 아니라 경제적으로 막대한 효과를 약속하고 있다. 더 평화로워진 한반도에서 과도한 국방비 지출을 억제함으로써 더 많은 복지 지출도 가능해진다. 이미 우리는 한반도 평화가 경제발전 및 복지증진과 직결되며 남북협력이 평화를 보장하는 가장 유력한 수단인 시대에 살고 있다. 다만 그 기회를 살릴 전략과 의지를 가진 정부를 갖지 못했을 뿐이다. 제3장을 통해 살펴보았듯이 지금 시대에서 남북협력과 통일은 오직 3면의 바다만을 가지고 발전해온 한국이 획기적으로 성장할 수 있는 기회다. 그렇기 때문에 진화한 포용정책은 적극적으로 남북관계에서 평화-경제-복지가 선순환적인 상호작용을 할 수 있는 비전을 수립하고 이를 위한 구체적인 방법들을 개발하는 방향으로 나아가야 한다.

결국 우리의 궁극적인 비전은 평화롭게 번영하는 남북관계이며 통일공동체의 평화적 완성이다. 이를 위해 현실적 목표로 삼아야 할 과제는 한반도 평화체제의 구축과 한반도 경제시대의 개막이다. 다시 말해, 한반도 평화가 제도적으로 보장되어 어느 누구도 국민의 불안정한 삶을 조장할 수 없고, 전면적인 남북경제협력으로 한국경제가 새로운 발전 동력을 확보해나가며, 한국이 평화롭게 함께 번영하는 동아시아 건설의 견인차 역할을 하는 시대를 열어가야 한다.

포용정책 아래서 남북관계 변화 없었나?

김대중-노무현정부는 임기 10년 동안 대북포용정책을 펼쳤다. 이 정책의 목표는 적대적인 남북관계를 평화와 화해협력의 관계로 바꾸는 데 있었다. 그렇다면 포용정책의 결과 남북관계에 변화가 있었을까? 변화가 있었다.

비록 포용정책을 추진하던 초기에는 두 차례의 서해교전이 발생하는 등 부분적으로 남북대결 양상도 나타났으나 그 후 북한의 대남 군사도발은 꾸준히 감소했다. 남북간 협력 사업으로 인해 역사상 처음으로 휴전선을 뚫고 철도와 도로가 연결되면서 군사적 긴장도 크게 줄어들었다.

김대중정부 때부터 추진한 금강산 관광사업은 북한 최남단 해군기지인 장전·성직항의 군함들을 금강산 북쪽 해역으로 이동시켰으며, 휴전선을 가로질러 실현된 육로 관광은 북한 군부대들을 후방으로 재배치하도록 만들었다. 서부 휴전선 일대에서도 개성공단이 건설되면서 북한의 전차, 자주포부대 등 많은 병력이 개성공단 이북으로 재배치되었다. 남북대결의 최대 요충지이자 북한군이 서울까지 최단시간에 접근할 수 있는 서부전선의 휴전선은 그 이북에 개성공단이 세워진 덕분에 그만큼 북상한 셈이 되었다. 유사시 개성공단은 북한의 기습남침을 지체시키고, 북한군 움직임을 사전에 포착하기 쉽게 하여 국군이 대처할 수 있는 시간을 확보하게 해준다. 그래서 전문가들은 현대전에서 가장 중요한 개전 초기의 전력상실 문제를 생각할 때 개성공단의 안보적 가치는 국군 몇 개 사단과도 바꾸기 어려울 정도로 크다고 말한다.

노무현정부는 그동안 남북간에 크고 작은 충돌이 끊이지 않아 최대의 안보위험 구역이었던 서해 NLL과 휴전선 지역의 정세를 안정시키기 위해 북한을 설득하여 2004년 6월에 서해상에서의 우발적 충돌 방지체계 수립과 군사분계선 지역에서의 선전활동 중지 및 선전수단 제거에 합의했다. 남북한 양측은 이 합의를 지켰으며 그 결과 노무현정부 5년 동안 남북간 교전이 없었고 남북대결로 인해 군인이건 민간인이건 단 한 명의 사상자도 발생하지 않았다. 이는 포용정책이 북한으로 하여금 전쟁보다 평화지향으로 나오게 만드는 역할을 했음을 보여주는 것이다.

한편 남북간 군사적 긴장완화의 결과 휴전선에서 불과 10여 킬로미터 남방에 거대한 디스플레이 공장과 수많은 협력업체들이 들어섰으며 그동안 군사보호지역으로 묶여 정당한 재산권 행사도 못했던 한강 이북 토지들도 개발의 기회를 갖게 되었다. 이렇듯 북한이 전방 지역을 개방함으로써 남북간 군사적 긴장을 크게 완화시키고 남북관계를 전면적으로 발전시킬 수 있는 계기를 마련했으며, 기존의 대결지역을 경제협력지대로 전환시킴으로써 남북 공영의 가능성을 열었다. 아래 〈표4〉는 휴전선 일대에서의 남북협력 사업이 어떻게 군사적 긴장을 완화시켰는지를 나타낸 것이다.

표4 | 남북협력 사업과 군사적 긴장완화 효과

항목	시기	군사적 긴장완화 효과
금강산 관광	1998. 11~	○ 동해안 지역 군사적 긴장완화 - 북한 최남단 해군기지들인 장전·성직항의 함정들을 금강산 북쪽 해역으로 이동 - 육로 관광 위해 동해선과 금강산 연결구간에 있던 5개의 군부대 철거
개성공단 개발	2003. 6~	○ 서부 지역 군사적 긴장 완화 - 공단 건설 예정지 안과 주변에 있던 자주포 대대, 전차 대대 등 6개의 부대 및 전투진지 철거
남북 철도도로 연결	2002. 9~	○ 동·서 양쪽에서 적대적 군사적 대결의 상징이었던 군사분계선을 뚫고 평화와 협력의 상징인 철도와 도로를 연결함으로써 군사적 긴장완화 촉진 - 경의선 철도 연결(문산~개성) - 동해선 철도 연결(제진~금강산)
서해상에서의 우발적 충돌방지 체계 수립 및 군사분계선 지역에서의 선전활동 중지 및 선전수단 제거	2004. 6. 4~	○ 남북간 군사적 충돌 가능성 획기적 감소 - 2004년 6월 합의 이후 NLL과 군사분계선에서 남북 충돌 및 교전, 전상자 없었음. ○ 군사분계선에서의 군사적 긴장 완화

　김대중정부가 추진한 포용정책의 성과인 6·15공동선언을 계기로 남북관계는 크게 변화했다. 무엇보다도 남북관계가 적대와 대결의 관계에서 화해와 협력의 관계로 상당부분 전환되기 시작했다. 그동안 간간히 이루어져온 당국자 간 대화가 정례화됐고 그 종류와 횟수가 크게 늘어났으며 인적교류 또한 획기적으로 증가했다. 분단의 비극이 낳은 가장 절박한 인도주의 사안인 이산가족 상봉도 1985년에 남과 북에서 65가족이 만난 이후 1990년대 말까지는 단 한 차례도 실현되지 못하다가 6·15공동선언을 계기로 본격화되었다. 남북교역은 1997년에 3억800만 달러에서 2007년에 17억9700만 달러로 늘어났으며, 해운·항공 분야에서의 협력도 시작됐다. 이러한 변화를 직전 정부였던 김영삼정부 및 이후 정부인 이명박정부와 비교해보면 아래의 〈표5〉와 같다.

남북관계 개선과 남한의 인도적인 대북지원과 교류협력은 북한 주민들의 적대적 대남인식을 우호적으로 전환시키는 데 중요한 영향을 미쳤다. 2006년 통일부가 탈북자들을 대상으로 1999년과 2005년을 간접비교한 조사에 따르면 남한을 적으로 생각하는 북한 주민의 비율이 49.2%에서 32.8%로 감소한 대신, 친구로 생각한다는 비율은 50.8%에서 67.2%로 증가했다. 이러한 북한 주민들의 대남인식에는 중국을 통해 들어오는 한국제품과 한국의 발전상에 대한 소문 등도 영향을 미쳤을 것이다. 그러나 역시 가장 중요한 요인은 남북대화와 대북지원 및 교류협력이었다.

표5 | 대북포용정책 시기 남북관계의 변화 비교

항 목		김영삼정부 (1993~1997)	김대중·노무현정부 (1998~2007)	이명박정부(4년간) (2008~2011)
남북회담	횟수	28	252	16
	합의건수	6	173	2
이산가족 상봉 (화상상봉 포함)	가족수	0	3,935	386
	인원수	0	19,960	1,774
인적교류(명, '98년 이후) (금강산 및 개성공단 출입자 제외)		1,733	222,115	45,410
선박·항공기 왕래	선박 횟수	271	5,841	9,817('11년 142회로 급감)
	항공기 횟수	0	718	77

북한에서는 남한에서 지원한 쌀의 마대나 비료포대 등이 주민들의 중요한 운송도구로 사용되고 있다. 이 용기들에는 겉에 '대한민국' 혹은 '대한적십자사' 표시가 돼 있어 초기에는 글자를 지우거나 뒤집지 않으면 사용이 금지되었으나 2001년 경부터는 그대로 유통되고 있다. 남북관계의 개선이 북한 지도부의 남한 물건에 대한 공포의식을 완화시켰다고 볼 수 있다. 이와 관련하여 김정일 국방위원장이 "다 보여주라고 하라. 아무래도 우리가 못사는 것은 다 아는데"라고 말했다는 증언도 있다.

한편 대북포용정책이 추진되면서 남과 북은 국제무대에서도

'대한민국'이 선명하게 찍힌 마대들이 북한에서 유통되고 있다.

대결에서 협력의 관계로 전환하기 시작했다. 북한은 그동안 국제 무대에서 남한에 대해 배타적, 경쟁적 태도를 보였다. 6·15공동 선언 직후인 2000년 7월에 남과 북은 방콕에서 열린 아세안 지역안보포럼ARF에서 제1차 남북외무장관 회담을 개최하여 국제 무대에서 남북 상호협력을 위한 공동발표문을 채택했다. 스포츠 면에서도 2000년 9월 시드니 올림픽 개폐회식에 남북선수단이 공동 입장한 것을 계기로 각종 국제스포츠 행사에서 공동응원을 했다.* 북한은 평창올림픽 개최를 공개적으로 지지했으며, 2005년 반기문 외교통상부장관의 유엔사무총장 입후보도 지지했다.

북한은 그동안 금과옥조처럼 주장해오면서 남북관계 개선에 커다란 장애물이 됐던 '주한미군철수' 주장도 회담장에서는 더 이상 거론하지 않았다. 북한은 1999년까지도 공개적으로 주한미군철수를 주장했으며 정전협정을 평화협정으로 바꾸기 위한 논의에서 한국 배제를 고집했다. 북한의 이러한 주한미군철수 주장은 2000년 6월 남북정상회담 이후 남북 회담장에서 사라졌다. 김정일 국방위원장은 2000년 남북정상회담에서 통일 이후에도 미군이 있어야 한다는 김대중 대통령의 지론에 찬성한다면서 주한미군이 "북한에 적대적인 군대가 아니라 한반도의 평화를 유지하는 군대로서 주둔하기를 바란다"는 입장을 밝혔다. "그런데 왜 언론매체를 통해 계속 미군철수를 주장하는 건가"라는 김 대통령의 질문에 대해서 "인민들의 감정을 달래기

남북 스포츠 교류: 남북은 1990년대부터 스포츠 외교의 일환으로 여러 형태의 스포츠 교류를 해왔다. 1991년에는 세계탁구선수권대회와 세계청소년축구선수권대회에 남북 단일팀을 출전시켜 각각 우승과 8강 진출의 성과를 거두었다. 2000년 시드니 올림픽에서 남북이 최초로 한반도기를 들고 공동 입장을 한 이후, 2002년 부산 아시안게임, 2004년 아테네 올림픽, 2006년 토리노 동계 올림픽, 2006년 도하 아시안게임에서도 공동으로 개막식에 참석했다.

위한 것"이라고 답변했다. 그는 남북기본합의서가 채택된 직후인 1992년에 김용순 노동당 비서를 미국에 파견해 이러한 뜻을 전하고 주한미군의 성격을 북한에 대한 적대적인 군대가 아니라 평화유지군으로 규정하는 지위와 역할의 변경을 요구했다는 점도 밝혔다.

북한은 1953년에 체결된 정전협정을 평화협정으로 바꾸는 문제에 대해서도 한국이 당사자가 아니라는 기존의 입장을 바꿔 한국 참여를 받아들였다. 북한은 2005년 9·19공동성명을 계기로 공식적으로는 여전히 북미평화협정을 주장하면서도 사실상 남한 혹은 남한과 중국이 참가하는 평화협정안을 수용했다. 특히 10·4남북정상선언 제4항에서 "남과 북은 현 정전체제를 종식시키고 항구적인 평화체제를 구축해나가야 한다는 데 인식을 같이하고 직접 관련된 3자 또는 4자 정상들이 한반도지역에서 만나 종전을 선언하는 문제를 추진하기 위해 협력해나가기로" 함으로써 남한이 정접협정의 주체임을 재확인하는 동시에, 남과 북이 이 문제를 주도적으로 협력해나간다는 데까지 합의했다.

'퍼주기' 주장에 가려진 진실들

김대중-노무현정부는 대북포용정책을 추진하면서 인도주의적 정신과 남북간 평화를 위해 북한에게 식량과 비료를 지원했다.

이 식량지원은 근본적으로 기아에 허덕이는 북한동포의 기아 극복을 위해서 인도주의 차원에서 제공되었지만, 남한은 그 대신 북한을 설득하여 이산가족 상봉을 실현하고 휴전선에서 대치하고 있는 남북간 군사적 긴장 완화를 추구하는 등 남북관계 개선을 추구했다.

그러나 정부가 대북지원을 할 때마다, 으레 북한에 대해 상호주의를 내세우며 북한으로부터 대가를 받고 지원해야 하는데 그렇지 않았다며 '퍼주기'라는 비판도 있었다. 북한에게 지원을 하는 만큼 남한도 분명하게 대가를 받아내야 한다는 논리의 비판이다. 인도주의적 차원에서 '자비'를 베풀면서 당장 눈에 보이는 '자비의 대가'를 내놓으라는 식이다. 물론 김대중-노무현정부도 인도주의적 차원에서 북한에 식량을 지원하면서도 남북관계 개선을 희망하는 우리의 요구를 북한에 비공개적으로 전달했다. 다시 말해서 인도주의적 문제를 특정 사안과 공개적으로 연계하지는 않았지만, 국민의 세금으로 북한에 지원하는 만큼 책임감을 가지고 우리가 안고 있는 인도적 문제나 남북관계 관련한 사항 등을 대북지원 협상 과정에서 자연스럽게 제기한 것이다.

이렇게 남측이 제기한 제안은 대개 일정한 조율을 거쳐서 북한이 수용한다. 두 정부 기간 동안 식량과 비료 지원을 전후해서 남북이산가족 상봉이 이루어지고 남북간 주요 합의가 이루어지는 경우가 많았는데 그것은 바로 이 때문이었다. 예컨대, 2004년 6월 4일 제2차 남북장성급회담에서 서해상에서의 우발적 충돌 방지를 위한 합의가 이루어졌을 때에도, 그와 동시에 남북경제협력 추진위원회에서는 북한에 대한 40만 톤의 쌀을 지원하기로 합의를 했다. 결국 김대중-노무현정부는 대북 식량·비료지원을 하면서 공개적으로 엄격히 서로 주고받는 상호주의는 하지 않았지만 호혜적 차원에서 이 문제에 접근한 것이다. 군이 표현하자면 똑같은 대가를 주고받는 상호주의가 아니라 호혜적이며 포괄적인 상호주의였다고 할 것이다.

김대중-노무현정부는 북한에 대한 식량·비료 원조가 인도주의적인 성격을 지니고 있음을 감안하여 웬만한 한반도 정세의 변동에는 영향을 받지 않고 일관성을 유지하려고 했다. 그러다 보니 북한에 퍼준 결과가 핵무기로 돌아오고 미사일과 포탄으로 돌아왔다는 비판을 받았다. 그러나 대북포용정책이 북한의 호전성을 감소시키고 남북관계를 평화적으로 만들기 위해 추진되는 것은 사실이지만, 그렇다고 해서 북한이 단기간에 당장 도발을 멈추고 핵개발을 중단하는 것은 아니다. 북한의 태도 변화에는 더 많은 시간이 필요할 것이다. 북한의 도발이 포용정책과 대북지원 탓이라고 하는 비난은, 대북지원을 끊었던 이명박정부 기간 동안에 북한이 핵과 미사일, 남북관계 등에서 더 많은 도발을 한 사실에서 알 수 있듯이 근거가 희박하다.

포용정책 비판론자들은 김대중-노무현정부의 대북지원이 굉장한 규모라고 주장함으로써 '퍼주기'의 이미지를 극대화한다. 2010년 미 의회조사국은 두 정부 기간인 1998년~2008년에 남한이 북한에 약 70억 달러 상당의 경제협력을 제공했으며 이 중 29억 달러가 현금이라고 주장했다. 2008년 9월 한나라당 모의원실에서도 두 정부 기간 동안 대북지원 금액이 "8조3800억 원"이었다는 자료를 발표했다. 그러나 이 주장들은 명백히 왜곡된 것들이다. 이명박정부가 발간한 『통일백서 2008』(통일부, 156~157쪽)에 두 정부 10년간 북한에 현물로 제공한 대북지원을 현금으로 환산시 정부 차원에서 약 2조1000억 원이었으며 민간 차원에서 7000억 원이었음을 기록하고 있다. 즉, 정부, 민간 합계 총 2조8000억 원(29억8000만 달러) 상당을 북한에 지원한 것이다. 물론 북한에 대한 정부 차원의 현금지원은 없었다. 비판론자가 주장한 액수는 김영삼정부가 미국정부에 약속한 경수로* 건설비용과 대북 식량지원시 국내 농업 보호를 위해 농림수산부가 국내 쌀 가격과 국제식량가격 간의 차액을 보전補塡하는 양곡관리특별회계, 한국 기업을 위해 제공되는 개성공단 개발비 등을 모두 대북지원액으로 상정한 왜곡된 주장이다. 어떤 '퍼주기' 주장은 남북교역에서 발생하는 무역적자 부분도 대북지원이라며 억지를 쓴다.

그러나 남북관계에서 민간기업의 경제협력은 수익창출을 목적으로 하여 진행돼왔고 정부의 개성공단 개발 지원이나 철도 연결은 우리 기업의 대북진출을 용이하게 하고 통일경제의 기반을 구축하며 대륙경제와의 연계성을 강화하기 위해 추진된다. 따라서 이것들은 원천적으로 퍼주기일 수가 없다. 이를 퍼

경수로 지원: 원자력발전은 핵분열의 속도를 조절하는 감속재로 무엇을 쓰느냐에 따라 흑연로, 중수로, 경수로 발전으로 나뉜다. 경수로 원자력발전소는 다른 방식에 비해 핵무기를 제조하기 위한 핵물질을 추출하기 힘들다. 그래서 미국은 전력난 해소를 위해 원자력발전소가 필요하다는 북한의 주장을 고려해 제네바합의에서 북한이 핵개발을 동결하는 대신 경수로 원자력발전소 2기를 건설해주기로 했다. 실제로 미국은 한반도에너지개발기구(KEDO)를 만들어 한국과 일본, EU 등으로부터 재정적 지원을 받아 경수로 건설사업을 진행했다. 그러나 2002년 10월 북한의 핵개발 의혹이 터지면서 미국의 요구로 2004년에 사업이 종료되었다.

주기로 비난하는 것은 정치공세일 뿐이다. 그나마 퍼주기 시비를 걸만한 것은 기아에 허덕이는 북한 동포에 대한 식량, 비료, 의료품 등의 지원인데, 이를 두고 퍼주기라고 비난하는 것은 북한 주민들에게 인류 보편적 가치인 인도주의 정신과 동포애를 발휘하는 데 이의를 제기하는 셈이 된다. 물론 국민은 누구나 인도주의적 대북지원에 대해서 문제를 제기할 수 있다. 그러나 인도주의적 지원에 특정한 대가를 연계한다면 그 자체가 인도주의 정신을 위배하는 것 아니냐는 논란에 휩싸일 수 있다. 이처럼 대북정책에서 '퍼주기' 주장은 자세히 들여다보면 과장과 모순투성이다. 그럼에도 '퍼주기'라는 말은 논리적인 설명보다 정서적 호소력을 앞세우며 유행처럼 번졌고, 이로 인해서 대북협력사업과 북한지원이 구분되지 못하거나 북한지원을 하는 포용정책의 진의가 국민에게 제대로 전달되지 못했던 것은 안타까운 일이다.

한편 일부에서는 우리가 지원하는 쌀의 군량미 전용가능성을 거론하며, 분배의 투명성을 요구한다. 그 증거로 북한군 군용트럭에 실린 "대한민국"이 표시된 쌀 마대를 찍은 사진을 제시하거나 군인들이 우리가 지원한 식량을 옮겨 싣는 장면을 찍은 사진을 제시하기도 한다. 충분히 문제를 제기할 만한 사안이며 정부가 분배의 투명성을 제고하기 위해 더 노력해야 할 대목이다. 그런데 그동안 분배 과정을 감시해온 국제구호단체들에 따르면 분배의 투명성에 별 이상이 없다고 한다. 과거 우리

정부도 북한에 식량을 제공하면서 우리 측 인원이 직접 분배현장을 방문하여 확인하는 장소와 횟수를 늘려옴으로써 분배의 투명성을 높여왔다. 앞으로도 이러한 노력은 지속되어야 할 것이다.

그렇지만 북한에 지원된 우리 식량이 북한군에 전용될 가능성은 부분적으로 발생할 수 있으나 전체적으로는 가능하지 않은 것으로 보인다. 왜냐하면 북한군의 군량미는 북한에서 생산되는 쌀과 옥수수로 우선적으로 채워지기 때문이다. 북한에서는 연간 쌀이 100만 톤 이상(통계청 2009년 추정은 192만 톤 정도), 옥수수가 200만 톤 이상 생산된다. 이중 북한의 군량미는 매년 약 35만 톤 정도가 소요되며, 쌀과 옥수수의 비율이 반반 정도인 것으로 추정된다. 북한당국의 양곡 행정에서 군량미 확보는 최우선 과제이기 때문에 우리의 대북지원과 상관없이 북한군의 식량은 이미 확보되어 있다고 보아야 한다. 다만 우리 쌀의 질이 좋기 때문에 북한 쌀 대신에 남한 쌀을 군량미로 사용하고자 하는 욕구가 있을 수 있다. 따라서 북한을 지원할 때 군량미 전용의 가능성에 대해 항상 예의주시할 필요가 있다.

그런데 대북지원 식량의 군량미 전용 문제를 전혀 다른 각도에서 볼 필요도 있다. 남이나 북이나 군대는 사기가 생명인 집단이다. 그런데 사기가 생명인 군대에서 실제로 식량이 담겨 있는 건지 재활용되고 있는 빈 자루인지는 모르나 '적대국가'인 '대한민국'이란 글씨가 큼지막하게 표시된 마대가 공공연히 돌아다닌다

면 과연 북한군이 남한에 대적할 의지가 생길지 의문이다. 그렇다면 이만큼 효과가 높은 심리전 수단이 또 있을까?

우리 사회에서 '퍼주기'를 비판하며 대북지원을 금지하고 있는 동안 '하나의 민족 두 개의 체형'으로 민족이 갈라지는 비극이 진행되고 있다. 앞서 여러 차례 밝혔듯, 현재 북한의 식량사정은 극한 상태에 있으며, 이것은 대홍수가 발생한 1995년 이래 만성화된 것이다. 그 결과 북한 청소년들의 신체와 지능발달 상태는 절망적인 것으로 알려지고 있다. 2000년 남한의 '남북 어린이 어깨동무'와 '북한 어린이 기아문제연구회'가 중국에서 탈북 어린이 30명을 직접 만나 면접 조사한 결과 13살 남자아이의 키가 남한 어린이 평균 158.8cm보다 26.7cm나 작은 132.1cm에 불과했다. 여자아이들의 경우에도 남한 평균인 147.1cm보다 23.9cm나 작은 123.2cm였다. 극심한 식량난이 지속되면서 북한 어린이들의 발육이 현저하게 부진해진 것이다. 유럽연합과 유엔아동기금 등이 1998년 북한 어린이 1792명을 대상으로 조사한 결과에 따르면 전체 조사대상 어린이의 15.6%가 급성 영양실조에 시달리고 있으며 62.3%는 만성 영양실조 상태인 것으로 나타났다. 탈북 어린이 면접조사에 참여했던 전문가는 이 두 가지 조사에 근거해서 볼 때, "현재 7살인 북한 어린이가 청소년이 될 때는 남한 청소년보다 키가 적어도 12cm는 작아질 것이 확실하다"고 진단했다. 벌써 20세 전후의 청년이 되어 있을 당시 북한 아이들은 지금 어떤 모습을 하고 있을까?

이러한 상태에서 앞으로 20~30년 후 통일이 되어 지금 남북의 청소년들이 장년이 되어 만났을 때, 무엇보다도 서로의 현격한 외양 차이를 보고 같은 민족이라고 느낄 수 있을지 참으로 걱정스럽기 그지없다. 더욱이 그때 북한사회의 주체로 성장한 그들이 남쪽의 기성세대였던 우리에게 "왜 우리의 배고픔에 그렇게도 인색했느냐"고 묻는다면 우리는 그들에게 무어라고 대답할 수 있을까? "너희들 지도자를 믿지 못해서 도울 수 없었다"고 말하면 대답이 충분할까? 아니면 "우리도 너무 경제가 어려웠기 때문에 도와줄 처지가 되지 못했다"고 하면 이해가 될까? 이러한 맥락에서 북한동포의 굶주림을 해결하기 위해 비료나 식량을 지원하는 것은 민족 지키기 운동에 다름 아니라고 볼 수 있다. 민족화해는 말로만 해서 실현되는 것이 아니다. 어려울 때 콩 한 조각을 나누어 먹는 심정으로 북한 동포를 끌어안을 수 있는 화해와 나눔의 정신을 가질 때 진정 우리는 하나가 될 수 있는 자격을 갖추는 것이며, 연면히 이어져온 민족사 앞에 떳떳할 수 있는 것이 아닐까?

'다름'이 공존하는 한반도

2000년 6월 김대중 대통령과 김정일 국방위원장 간에 6·15공동선언이 맺어진 후 남북으로 흩어졌던 수천 명의 이산가족이 상봉을 했다. 우리는 반세기 동안 참아왔던 이별의 통한을 넘어선 이 감격적인 상봉을 바라보면서 너나 할 것 없이 눈시울을 붉혔다. 얼마나 긴 세월 동안의 이별이었나? 동안童顔의 소년이 백발의 할아버지가 되어 아흔을 넘긴 어머니와 재회하는 장면을 보면서, 피는 물보다 진하다는 감동을 느끼며 동시에 이산가족 문제가 더 이상 늦출 수 없는 절박한 민족적 과제임을 절감했다.

그러나 이처럼 감격적인 이산가족 상봉이었지만, 우리는 상봉 장소에서 TV 인터뷰에 응한 북한 사람들의 말투와 그 내용을 보면서 긴 분단 역사가 만들어놓은 '나와 다른 북한 동포'를 보고 당황했다. 특히 다원주의와 개인주의에 기초한 자유민주주의 체제에서 살아온 우리로서는 북한 동포들의 말투와 그들 지도자에 대한 끝없는 칭송을 보며 절망감을 느낄 정도로 이질화된 내 형제를 실감했다. 그래서 우리는 북한사회가 보다 민주적으로 변화하지 않으면 같이 살기 어렵겠다는 생각을 한다. 물론 앞으로 이산가족 간의 만남이 더욱 빈번해지고 남북교류가 활발해지면 북한 사람들의 생각이나 태도에도 필경 변화가 있을 것이다.

그런데 이런 북한 사람들의 변화를 말하기 전에 우리가 가져야 할 태도가 있다. 바로 나와 다른 '북한'을 인정하는 것이다. 남북 사이에 서로 '다름'을 인정하는 것은 남북이 함께 살고, 나아가 그 '다름'을 극복하고 하나의 의식공동체로 거듭나기 위해 반드시 필요하다. 우리에게 남북의 평화공존은 지난 수십 년 동안 지상 목표와도 같았다. 박정희정권 이래 평화공존을 내세우지 않은 남한정부는 없었다. 국민여론 역시 남북간 평화공존을 전폭적으로 지지한다. 당장 여론조사를 해보아도 국민의 절대 다수가 평화공존을 지지한다고 대답할 것이다. 그러나 아쉽게도 많은 사람들이 남북간 평화공존의 삶이 무엇인지에 대해서는 명확한 그림을 그리지 못한다.

남과 북 사이에 평화공존이란 양측 정부가 전쟁을 하지 않고 함께 살아가기로 약속하고 이를 실천해가는 것을 뜻한다. 다시 말해서 남북이 서로 다른 삶의 방식을 인정하며 살아가는 것이다. 이렇게 볼 때, 평화공존은 서로가 '다름'을 인정하는 것에서부터 출발한다. 사실 '다름'을 인정할 때 비로소 우리는 서로의 차이를 정확히 알게 되고 또 그것을 줄일 수 있는 방법을 찾아낼 수 있다. 통일로 가는 길은 적대적이기까지 한 서로 다른 제도와 사상 속에서 긴 세월을 보내온 남과 북이라는 두 개의 공동체가 하나가 되어 더불어 사는 시대를 준비하는 것이다. 따라서 이 시대는 나와 다른 삶과 문화를 관용하고 인정하는, '다름'과 공존하는 시대이며, 나아가 공존을 넘어 통일을 실현해가는 시대라고 할 수 있다.

그러나 우리는 남북간의 '다름'을 인정하기에 앞서 우리 사회 안에서부터 서로 다른 의견과 세력이 공존하는 문화를 만들어가는 노력이 필요하다. 조금 극단화해서 말하면 남북문제만이 아니라 여러 사회적 이슈들에 대한 논쟁에서 툭하면 한쪽에서는 상대적으로 진보적 주장을 하는 이들에게 '친북좌파' 혹은 '종북좌파'라는 딱지를 붙이며 그들을 자신과 타협할 여지가 없는 배제해야 할 세력으로 매도한다. 다른 쪽에서는 보수적인 주장을 하는 사람들에게 '수구꼴통'이라 비난하며 대화불통 세력으로 낙인찍는다. 물론 양쪽의 상대방 비난을 '둘 다 똑같다'는 식으로 비판하거나 같이 평가하기는 어렵지만 '다름'이 인정되지 않는다는 점에서는 공통점이 있다. 그러다 보니 우리 사회에는 "너 죽고 나 살자" 식의 극단적인 대결의식이 만연해 있다. 나와 다른 사고와 의식과 문화를 배격하는 이러한 이분법적 대결의식으로 인해 대부분의 중요 문제에 대해서 사회적 합의를 도출해내지 못하고 끝내 국회에서 몸싸움이나 거리에서 충돌로 이어지기 일쑤다. 모든 갈등이 상대방과의 공존을 전제로 하는 윈-윈 게임의 관점에서 전개되는 것이 아니라 상대를 생존 공간에서 배제하는 '전부 아니면 전무' 식의 제로섬 게임으로 전개되는 측면이 큰 것이다. 이 배제의 문화 정점에 적대적인 남북관계가 있다고 보아야 한다.

우리 사회 내의 이러한 갈등과 적대적인 문화는 통일문제와 상관없이 극복해야 할 중요한 과제라고 할 수 있다. 남북공존도 추구해야 하지만 그 전에 '남남공존'의 틀부터 확립할 필요가 있다. 이를 전제로 우리 사회에서 북한문제와 통일문제에 대해 사회적 합의를 이끌어내고 통일시대를 준비하기 위해서도 다름과 공존하는 문화의 정착이 필요하다. '다름'과의 협력적 경쟁이 하나의 사회를 완성시키며, '다름'의 존재가 항상 자신을 부패하지 않게 하며 발전시키는 상대적 동력이라는 점을 인식하는 의식의 형성과 문화가 필요하다.

이데올로기적으로도 건전한 보수와 합리적인 진보가 서로 보완적으로 선의의 경쟁을 벌이며 공존하는 사회공동체가 형성되어야 한다. 그러기 위해서는 조금씩 함께 승리하는 협력적 경쟁문화의 창출이 필요하다. 더 이상 경쟁을 제로섬 게임 방식으로 풀지 말고, '상대방과 함께 이익을 취하는 부분 승리'의 관점에서 접근하는 것이다. 부분 승리가 완전한 승리보다 개별 정치세력이나 국가를 위해서 훨씬 유리하다는 점을 인식해야 한다. 이

렇듯 국내적으로 여러 사회세력 간에 공존 문화가 형성되면 남
북관계에서도 매 이슈마다 극단적인 대결 대신에 타협과 조정
을 위한 노력이 우선될 것이다. 이는 함께 살며 공동 이익을 추
구하는 공존과 호혜의 남북관계를 구축해나가는 데도 큰 도움
을 줄 것이다.

통일을 보는 눈

제10장

동맹인가? 다자협력인가?

국가 간 관계에서는 아무리 가까워도 자기중심을 가지고 상대방을 대하는 태도가 필요하다. 특히 항상 크게 의존하는 선의의 동맹국가라면 더욱 더 균형을 잃지 않는 의연함과 쌍방향 소통관계의 구축이 중요하다. 그렇지 않고 동맹의 생각과 행동에 자신을 일방적으로 맞추게 되면 자신의 정체성은 모호해지고 국익도 동맹이 정해주는 만큼만 규정하게 된다. 일방적이며 맹목적인 동맹주의에 빠지는 것이다. 이러한 동맹은 의존 국가나 피의존 국가 양쪽에 다 부담이 된다.

대한민국에게 있어 한미동맹은 소중한 가치다. 미국은 한국전쟁에서 패배의 나락에 빠졌던 우리를 도왔으며 전후 경제 부흥을 위해서도 많은 도움을 준 나라다. 또한 한미상호방위조약을 맺고 오랜 기간 북한의 군사력에 맞서 한국 방위를 도왔다. 그러나 한미동맹이 소중한 것은 이러한 현재까지 이어져오는 역사적 유대 때문만이 아니다. 날이 갈수록 우리와의 협력관계가 커지고 있는 이웃나라 중국 때문에도 그렇다. 우리는 앞으로 더욱 크게 성장할 중국과 더 많은 교류와 협력을 하면서 살아가야 한다. 이 과정에서 우리가 중국으로부터 업신여김을 당하지 않고 한중관계를 균형적으로 이끌어 가는 데 한미동맹은 중요한 자산이 될 수 있다. 만약 우리가 새롭게 미국과 동맹관계를 맺는다면 중국이 경계하겠지만 이미 맺어져 있던 관계이기 때문에 중국도 한미동맹에 이의를 제기하기는 어렵다. 따라서 한미동맹을 잘 활용해서 위축되지 않는 한중관계를 구축해 나가야 한다.

한미동맹이 이러한 순기능을 하며 작동하기 위해서는 보다 건강하고 균형적인 한미관계가 형성되어야 한다. 우리가 외교나 국방에서 지나치게 미국 의존적인 모습을 보이면 한미동맹이 균형적인 한중관계에 도움을 주기는커녕 끊임없이 갈등요인만 돼서, 한국의 대외적 위상만 약화시킬 것이다. 한미동맹은 한국에도 이익이지만 동북아의 지리적 역외국가인 미국에게도 매우 중요한 전략적 이익이다. 따라서 향후 미국과 중국이라는 초강대국 사이에서 국익을 극대화하며 지혜롭게 살기위해서는 맹목적 동맹주의를 극복하고 호혜적이고 합리적이며 대등한 한미관계를 추구해야 한다.

호혜적이며 균형이 잡힌 한미간 쌍방향 의사소통은 양국 모두에게 도움이 된다. 그렇지 않고 어느 한쪽에 일방적으로 유리하거나 불리한 관계는, 오히려 화禍가 되고 동맹관계에도 심대한 손실을 주게 된다. 2008년에 쇠고기파동으로 발생한 촛불시위가 생생한 증거다.

2008년 4월 쇠고기 협상이 타결되던 날, 이명박정부는 '합리적으로 잘된 협상'이라며 자축했고, 미국의 축산업자들은 마치 산타의 선물을 받은 것처럼 환호했다. 그러나 한 달도 못 가서 이 협상은 한미 양국에 커다란 손실을 안긴 사고였음이 드러났다. 한국정부가 협상 결과에 대해 국민을 설득시키지 못했기 때문이다. 정부는 국민건강권을 도외시한 무책임한 협상으로 말미암아 국민 신뢰도가 땅에 떨어졌고, 정부 조치에 반발한 국민이 거리로 나섬으로써 사회적 손실도 만만찮게 발생했다.

한미관계도 상처를 입었다. 미국은 당연히 자국의 이익을 극대화한 협상을 했을 뿐이지만, 한국정부의 대미 저자세로 인해 많은 한국인이 미국이 일방주의적 행태를 보였다고 비판했다. 국민 안전이 무시된 졸속협상이 오히려 한미관계에 상처를 준 것이다. 한미관계에서 발생한 이 불필요한 상처의 씨앗은 다름 아닌 맹목적 동맹주의다.

맹목적 동맹주의는 오랫동안 우리 사회에 누적돼온 미국에 대한 의존심리에 기반하고 있다. 이 구조 아래서 미국은 서로 끌고 밀어주는 동반자가 아니라 보호자로만 인식된다. 미국의 정책과 방향을 좇는 것이 선이라는 생각이 생활 신조처럼 되어 있다. 쌍방향 의사소통의 중요성을 강조하며 수평적 한미관계로 나아가야 한다고 주장하면, 그것은 곧 반미를 주장하는 것으로 간주된다. 이런 분위기에서는 협상 과정에서 미국이 화를 내거나 밀어붙이더라도 같이 얼굴을 붉히거나 버티는 것이 참으로 어렵다.

맹목적 동맹주의가 시대착오적인 이유는 대한민국이 더 이상 옛날의 대한민국이 아니기 때문이다. 한때 한국은 미국의 보호와 지원 속에 살았지만, 지금은 필요하면 미국을 도울 수 있는 나라가 되었다. 1960년대 한국군이 베트남전쟁*에 파병될 때, 우리 장병들에게 월급을 주고 M-16 소총 등 제반 군수품을 무상으로 공급한 것은 한국정부가 아니라 미국이었다. 그러나 2004년부터 미국을 도와 이라크에 파병된 한국군 부대는 월급에서 무기, 일용품에 이르는 모든 비용을 한국 국민이 낸 세금으로 충당한다.

제3장에서 살펴본 것처럼 한국은 제2차 세계대전 후 탄생한 140여개 신생국 중 시장경제와 민주주의를 동시에 성공시킨 거의 유일한 나라다. 그만큼 국가역량이 성장했으며 국제사회에서 차지하는 위상도 높아졌다. 국제사회는 높아진 위상에 맞게 한국이 행동하기를 기대하며, 미국 내에서도 한국을 성숙한 동반자로 대해야 한다는 여론이 확산되고 있다. 사실 미국 입장에서도 쇠고기 협상 파동을 통해 자신들과 조금은 대립하는 면이 있더라도 자국민의 이익을 우선적으로 대변하는 한국정부가 결국 자신에게도 도움이 된다는 사실을 깨달았을 것이다.

베트남전쟁: 베트남은 원래 프랑스의 식민지였으며, 제2차 세계대전 베트남에 대한 지배권을 유지하려는 프랑스와 싸우면서 1954년 독립을 쟁취했다. 그러나 베트남 역시 한반도처럼 남북으로 분할됐는데, 남베트남은 미국의 지원을 받는 정권이 들어서고 북베트남은 공산 정권이 들어섰다. 미국이 남베트남의 공산화를 우려하여 군대를 파견하면서 전쟁이 시작되었다. 한국 또한 연인원 30만 명의 군인을 파병했으며, 다수의 전사자와 상이군인이 발생했다. 베트남 파병은 한국군의 현대화와 경제발전에 큰 영향을 가져왔다. 전쟁은 민중의 지지를 받고 정글 지형을 잘 활용한 북베트남의 승리로 끝났고 북베트남과 남베트남은 한 나라가 되었다.

우리나라는 동맹인 미국과의 협력을 매우 중시한다. 그래서 미국과의 협력에 대해서는 특별히 한미공조라는 말을 쓴다. 그러나 우리는 한미공조가 목적이 아니라 국익증진의 수단이라는 점을 잊어서는 안 된다. 우리가 특정한 외국과 협력하고 공조하는 바탕에는 그것이 양국에 호혜적일 것이라는 전제가 깔려 있다. 국가 간 협력이 우리의 존엄과 국가 이익을 증대하는 방향에서 전개되어야 한다는 것이다.

아무리 우방이라도 양국 간 협력을 모색하는 과정에서 얼마든지 의견 차이가 발생할 수 있다. 사실 대부분의 외교 사안에서 국가 간에는 국가 이익이 완전히 일치할 수가 없다. 어쩌면 서로 다른 이해를 맞추어 가는 것이 국제협력이라고 할 수 있다. 예들 들어, 한미공조의 경우 한국과 미국은 민주주의, 시장경제 등 여러 분야에서 가치와 이익을 공유하고 있다. 그러나 한미간에 이익이 100% 일치할 수는 없다. 특히 한반도 위기를 대하는 한미의 체감온도는 다를 수밖에 없다. 미국에게 한반도 위기는 위협적이기는 하나 본토에서 수천 킬로미터 떨어진 곳에서 일어나는 일이다. 반면에 우리에게 이 위기는 경제를 위태롭게 하고, 전쟁의 위험성마저 불러일으켜, 우리의 삶을 불안정하게 만드는 중대한 위협 요소다. 따라서 우리는 한반도에 위기를 불러올 가능성이 높은 대북조치에 대해서 상대적으로 미국보다 신중하지 않을 수 없다. 이런 점에서도 우리의 국가 이익은 미국과 차이난다. 오늘날 한미공조의 중요한 부분이 바로 이를 둘러싸고 입장을 조율하는 것이라고 할 수 있다.

사실 공조란 말 자체가 국가 간에 의견 차이가 있기 때문에 나온 것이다. 모든 것이 일치한다면 공조라는 말 자체가 필요 없을 것이다. 마치 연주자가 부는 입바람이 통소 관 속에서 다양한 면에 부딪쳐서 아름다운 선율을 내듯이 국가 간 공조도 서로 벗어나지 말아야 할 일정한 범위를 정하고 그 안에서 서로의 이익을 조율하는 것이다. 따라서 진정한 한미공조는 우리의 입장과 처지를 미국에게 설득력 있게 설명하고 또 미국의 처지를 존중하며 합리적인 절충점을 찾아가는 것이다. 모든 국제 협력이 그렇듯이 한미공조 역시 국가 이익이 수호되지 않는다면 무의미하기 때문이다.

중국의 성장, 위협인가 기회인가?

오늘날 동아시아에서 가장 큰 화두는 중국의 성장과 그로 인한 파장이다. 중국의 성장은 세계 경제 질서에 영향을 미칠 정도로 커졌다. 정작 중국인들은 자신들이 져야 할 책임 때문인지 부담스러워하지만 세계가 미국과 중국이라는 두 거인이 경합하거나 협조하는 'G2시대'로 접어들었다고 생각하는 사람들이 늘어가고 있다.

한국에게도 중국은 냉전 시대에는 '적'으로까지 간주되었지만, 지금은 '전략적 협력동반자'라는 다소 거창한 이웃으로 다가와 있다. 이 동반자 관계를 문맥으로만 보면 우의와 공동발전의 청사진이 펼쳐지지만 그 이면은 그렇게 간단하지 않다. 중국은 남한과 대립관계에 있는 북한의 전통적인 동맹이며, 한국은 중국과 협력 및 경쟁관계에 있는 미국과 공고한 동맹을 유지하고 있기 때문이다.

이러한 한미와 북중의 기존 동맹관계와 중국의 성장이 불러일으킨 새로운 동아시아 질서에 대한 필요성이 서로 얽히면서 지금 한국의 대외 전략에는 새로운 숙제가 생겼다. 중국의 성장은 중국과 남북한 각각의 관계를 통해 한반도에 영향력을 증대시키기도 하지만, 다른 한편으로는 국제사회에서 제고된 위상을 통해 한반도에 영향력을 미치기도 한다.

우리는 중국을 어떻게 보아야 하나? 많은 이들이 중국을 비난하기도 하고 옹호하기도 하지만, 막상 우리와 어떤 관계에 있으며 우리에게 얼마만큼의 영향력을 지닌 나라인지 잘 가늠하지 못하는 것 같다. 이미 제1장에서 살펴본 것처럼 간단히 경제만 들여다봐도 중국은 한국의 최대 무역파트너다. 중국은 우리의 최대 수출시장인 반면, 중국에게 우리는 5번째 수출시장이라는 불균형으로 인해 한국은 중국의 경제상황뿐만 아니라 대외정책에도 매우 민감하게 영향을 받는 나라가 되었다. 이 구조적 취약점을 보완하기 위해서는 신중하고 사려 깊은 대중정책이 필요하다.

북중관계에서 중국의 영향력은 더 두드러진다. 북중간에는 북한경제가 중국에 의존할 수 있는 조건이 형성돼 있으며 이제는 서방이 북한에 대해 어떤 제재를 가하더라도 중국의 협조 없이는 실효를 거두기 어렵다. 게다가 중국은 남한이 북한에 대해 가지고 있는 경제적 지렛대를 대체할 수 있는 수단을 보유하고 있다. 즉, 남한이 대북지원을 중단하거나 개성공단을 통제한다고 해도, 북한은 남한에서 얻지 못한 것들을 중국으로부터 구할 수 있다. 예컨대 남한에서 금강산 관광객이 들어가지 못하면 중국 관광객을 받아들임으로써 그 손실을 메울 수 있다는 말이다.

그런데 중국이 이처럼 한반도의 운명에 심대한 영향을 미치는 존재로 성장했음에도 불구하고 정작 우리는 '성장하는 오늘의 중국'을 대하는 데 인색한 편이다. 우리가 과연 중국의 영향력을 온전히 평가하고 있는지 의문이 든다. 사실 중국의 부상과 함께 미국을 정점으로 하는 세계질서가 쇠퇴하고 있는 것도 우연이 아니다. 중국의 성장이 한반도와 동북아 그리고 나아가 세계질서에 미치는 영향을 정확히 분석하고 대응전략을 마련하는 일이 시급하다.

과거 봉건시대 동아시아는 중국대륙을 지배해온 왕조가 천하의 중심이 되어 주변을 다스리는 '조공질서' 속에 놓여 있었다. 19세기 중엽까지만 해도 동아시아에는 청나라를 중심으로 하는 위계적 질서가 존재했다. 20세기에 중국은 청의 멸망과 일본제국주의의 침략, 냉전으로 세계무대의 중심에서 뒤처졌다. 이제 21세기를 맞이해서 중국이 동아시아의 압도적인 강대국으로 돌아왔다. 그러나 우리나라를 비롯한 동아시아 국가들은 봉건시대처럼 불평등한 동아시아 질서가 재현되는 것을 강력하게 거부한다. 이 거부는 우리가 힘을 키우는 것만으로 되지는 않으며, 이와 함께 중국이 국제사회에서 책임과 의무를 다하는 합리적이며 공정한 행위자가 되어야 가능하다.

그런데 많은 이들이 아직도 중국의 성장을 객관적인 현실로 인정하고 그에 합당한 역할과 의무를 중국에 부과하려는 노력을 하는 데 인색하다. 중국의 성장을 주로 도전과 위협으로 볼 뿐 그러한 중국이 한반도와 동아시아에서 긍정적으로 영향을 미칠 수 있는 길을 찾는 데는 게으른 것이다. 예를 들어 우리는 중국의 군사력 신장과 외교적 위상 제고에 당면하여 중국의 경제력과 인구에 걸맞는 군사력과 외교적 위상을 인정하고 그에 걸맞는 역할과 의무를 부여하려는 노력 대신에 일방적으로 중국의 위협 증가라는 차원에서만 이를 평가하는 경향이 강하다. 어쩌면 우리는 이미 초강대국의 문턱에 들어선 유력한 국제행위자로서의 중국과 냉전시대의 호전 국가이자 후진 국가인 중국 사이에서 후자의 중국을 보고 싶어 하는 의도적인 착시현상에 사로잡혀 있는지 모른다.

그러나 이러한 착시현상은 두 가지 점에서 위험하다. 첫째는 현실에서 중국의 국제적 위상과 대내외적 정책 실현 능력을 잘

못 파악함으로써 중국과의 관계에서 실패를 거듭하게 할 수 있다. 둘째, 만약 서방이 집단으로 이 착시현상에 사로잡혀 중국 위협론에 매달린다면 중국이 자신의 성장에 맞게 국제사회에서 해야 할 의무와 역할을 수행할 기회를 박탈함으로써 정말 위험한 초강대국이 되도록 방치하게 될 수 있다. 따라서 이 착시증세를 제거하고 중국의 위상과 역할을 정당하게 받아들이고 중국이 국제사회에서 긍정적인 행위자로 자리잡도록 함께 노력해야 한다. 그래야 중국의 성장이 동아시아 평화와 협력에 긍정적으로 기여케 할 수 있는 길을 찾을 수 있다. 지금 우리에게 필요한 것은 '우리가 보고 싶어 하는 중국'이 아니라 '객관적으로 봐야 하는 중국'이다.

왜, 동북아 다자협력체가 필요한가?

동맹질서는 자본주의 진영과 사회주의 진영의 대결을 의미하는 냉전시대 국제질서의 상징이었다. 1990년대 이후 세계는 사회주의권의 몰락과 냉전의 붕괴로 거대한 정세변화를 맞이했으며, 대부분의 지역에서 새로운 환경에 맞추어 동맹질서가 약화되고 대신에 다자간 협력과 지역협력 질서가 강화되었다. 동북아도 이런 변화의 예외지역이 아니었다. 소련의 붕괴와 중국의 시장경제체제 전환, 북한-러시아의 동맹관계 해체, 북한-중국 관계의 변화 등 사회주의권에서 거대한 정세변동이 있었다. 동시에 중국은 세계에서 미국에 가장 수출을 많이 하는 나라가 되었으며, 과거 적대 관계였던 한국과 경제적·사회적 교류 측면에서 최대 파트너가 됐다.

그러나 이런 급격한 정세변화에 부응하여 새로운 협력질서를 만들어내는 데 동북아는 어느 지역보다도 속도가 더디다. 무엇보다도 사회주의 몰락 전부터 지속되어온 남북대결, 북미·북일 적대관계가 해소되지 않았으며, 냉전시기 결성된 북한과 중국 사이의 전통적인 동맹관계도 약화되기는 했으나 지속되고 있다. 마찬가지로 냉전의 산물인 한미·미일 동맹과 한미일 3국 협력구도도 여전히 강력하게 작동하고 있다. 그러나 분명한 것은 갈등과 배제를 특징으로 하는 동맹질서에 바탕을 두고는 동북아에서 진행되고 있는 대규모 경제 및 인적 교류를 뒷받침하여 경제발전을 지속적으로 이루고 평화와 안정을 도모할 수 없다는 사실이다. 이를 위해서는 기존의 동맹구조를 넘어서서 중국·러시아를 포섭하는 새로운 통합과 협력을 지향하는 다자협력 질서가 구축되어야 한다.

동북아는 미·중·일·러의 전략적 이해가 교차하며, 세계인구의 4분의 1과 세계 GDP의 5분의 1이 집중되어 있는 곳이다. 현재 이 지역의 경제는 세계 어느 곳보다도 역동적이고, 국가 간 상호투자와 교역도 꾸준히 증가하고 있으며, 문화적 공감대를 넓히는 인적교류도 활발하게 이루어지고 있다. 동북아 주요국가들 간의 교역관계를 살펴보면 한국의 수출 대상국 1, 2, 3위가 역내 국가인 중국-미국-일본이며, 일본 역시 수출 대상국 1, 2, 3위가 중국-미국-한국이다. 중국은 수출 대상국 중 미국-일본-한국이 1, 2, 5위를 차지한다. 지리적으로 동북아 밖에 존재하나 전략적 이해관계로 볼 때, 동북아 국가라 할 수 있는 미국의 수입대상국 1, 4, 7위가 중국-일본-한국이다. 한편 1990년 이후 한국의 대중교역뿐만 아니라 일본의 대중교역도 크게 증가했다. 1998년 일본의 총수출에서 중국에 대한 수출이 차지한 비중은 5.1%였던 데 비해 2010년에 이르러서는 그 비중이 19.3%로 늘어났다. 대중 수입은 같은 시기에 13.1%에서 22.1%로 늘어났다. 이는 일본의 대미 무역총량의 거의 두 배에 달하는 것이다. 참고로 2010년 일본 수출 총액 중 대미수출 비율은 15.3%, 수입비율은 9.7%였다.

이렇듯 비약적으로 발전하고 있는 동북아 국가들 간의 교류협력에서 주목해야 하는 것은 중국과의 협력이다. 지역적으로 동북아는 한국, 중국, 일본을 핵심으로 한다. 따라서 동북아 협력의 기본적인 주체는 한중일이라고 할 수 있다. 그러나 불과 20년 전에 종식된 냉전시대 때만 해도 한중일 협력은 상상할 수 없었다. 한·일과 중국은 자본주의와 사회주의라는 두 개의 진영으로 나뉘어져 갈등했다. 따라서 당시는 한미일 협력 혹은 한일 협력은 활발했으나 상호 공동번영을 위한 한중 협력이나 일중 협력 혹은 한중일 협력은 불가능했다.

이 시기 동북아의 질서의 특징은 자본주의 진영을 상징한 일미동맹, 한미동맹과 이에 대항한 북한-중국 동맹, 소련-북한 동맹이 힘을 겨루는 동맹질서였다. 그러나 냉전의 해체와 함께 한·일과 중국 사이에 평화공존과 공동번영을 위한 논의가 가능해지면서 비로소 우리는 동북아시아의 평화와 협력을 논의할 수 있게 되었다.

이제 더 이상 동북아가 중국과 한미일이 대립하는 식의 동맹질서로 유지되기 어렵다. 급속히 증가하는 경제적 교류와 협력, 그리고 사회적·문화적 교류를 뒷받침하기 위해서는 여기에 알맞은 새로운 질서가 필요하다. 이 새로운 질서는 동북아 국가들의 평화와 공동번영을 보장하는 것이어야 한다. 그리고 그 내용은 다자협력체제가 되어야 한다.

물론 다자협력체를 추구한다고 해서 기존의 동맹 구조를 완전히 부정하는 것이 아니다. 기존의 동맹을 건강하게 발전시키되, 여태껏 동맹의 존립근거로 작용했던 '반대 세력에 대한 대항'이라는 요소를 점차적으로 제거해나가자는 것이다. 즉, 다자간의 협력적 요소와 조화를 이룰 수 있는 동맹으로 변화시켜야 한다.

그러나 그 필요성에도 불구하고 동북아에서 공동번영과 경제통합을 향한 노력은 다른 지역들에 비해 현저히 뒤떨어져 있다. 지금 동북아 국가들이 속해 있는 국제협력체로는 동남아에서 출발한 ASEAN+3와 동아시아정상회의EAS, 지역안보 논의체로서 아세안 지역포럼ARF, 아시아 태평양 연안 국가들을 포괄하는 경제협력체인 아·태 경제협력기구APEC 등이 있다. 그러나 이 중에 동북아에 특화된 협력체는 없으며 그나마 이 기구들 가운데 회원국을 규제하는 제도적·심리적 합의장치를 가진 지역협력체는 없다.

따라서 지금 동북아에서는 정치, 안보 차원에서의 안정적인 협력구조의 정착이 매우 필요하다. 뿐만 아니라 역사, 문화, 의식 등에서 각국이 공감대를 넓히는 작업과 각국 시민사회들 간의 풀뿌리 네트워킹 등 국가를 넘어서 밑에서부터 새로운 평화번영의 질서를 만들기 위한 노력도 필요하다.

바로 이러한 상황에 처한 동북아의 한가운데 한반도가 있다. 지정학적으로 한반도는 동북아의 평화와 안정 없이 평화와 번영을 성취하기 어렵다. 거꾸로 한반도에서 평화가 정착되어야 이를 바탕으로 국가 간 갈등과 반목을 극복하고 평화와 번영의 동북아시아를 건설해나갈 수 있다. 이러한 전략적 환경 속에서 오늘날 한국은 북핵문제를 평화적으로 해결하고 그 과정에서 한반도 정전체제를 평화체제로 전환하며, 동시에 지역 국가 사이의 갈등과 대립을 극복하고 평화와 협력의 질서를 창출하는 것을 숙제로 안고 있다.

여기서 우리는 한미동맹과 동북아 다자협력의 관계에 대해 생각해볼 필요가 있다. 일단 한국 외교안보의 목표는 한반도 평화와 안전을 이루어내 국민의 안녕과 국가발전을 기약하고 평화통일의 길을 열어가는 것이다. 그동안 이 목표를 실현하는 데 한미 동맹이 중요한 역할을 수행해왔다. 열강의 패권과 갈등의 무대였던 고난에 찬 우리 역사를 되돌아보고 전략적 이해를 따져볼 때 동북아에서 영토적 이해관계를 갖지 않는 미국과 동맹관계를 맺고 있다는 것은 중요한 이익이라고 할 수 있다. 그러나 동북아 정세가 변화했기에 우리는 이제 동맹관계와 더불어 다자간 안보협력 질서의 구축에도 힘써야 국가 이익을 증진시킬 수 있게 됐다. 즉, 동북아 다자협력의 구축은 한미동맹과 함께 한국의 중대한 국가 이익이다. 따라서 이 국가 이익을 달성하기 위해 한국의 외교안보는 일방적인 동맹구조를 넘어서서 한미동맹과 다자협력을 조화롭게 운용할 수 있는 전략체계를 세워야 한다.

결국 한반도 평화안전과 동북아 공동번영의 목표는 한미동맹만으로 수행되기 어렵다. 한미동맹과 함께 중국 등이 포함된 다자협력을 조화롭게 발전시켜야 이 과제들을 성공적으로 수행할 수 있다. 따라서 지금 필요한 것은 '현재 존재하지 않는' 동북아 다자안보협력체를 비롯하여 다양한 분야에서 다자협력을 실현하는 것이다. 그래서 이 체제가 동북아에서 대립과 갈등을 넘어서 지역 내 모든 국가가 함께 하는 평화와 공동번영을 보장해야 한다.

균형외교와 동북아 균형자, 이제는 국가전략이다.

대한민국의 외교는 오랫동안 한미동맹 하나에 의존해서 전개돼
왔다. 여기에는 그럴만한 이유가 있었다. 미국은 한국전쟁에서
우리나라를 구해주었고, 자본주의와 공산주의의 대결이 치열
했던 냉전시대에 군사, 경제적으로 한국을 지원해주었다. 이제
2015년 12월이면 돌려받겠지만, 우리나라는 세계에서 유일하게
자국군의 전시작전통제권을 타국인 미국에게 이양한 나라이기
도 하다. 한마디로 국가의 운명을 미국에 의탁하며 살아온 셈이
다.

그러나 이제는 달라져야 한다. 이미 세계적 수준에서 냉전은
사라졌고 한국의 국력은 성장했으며 동북아 정세는 다자협력
의 시대로 나아가고 있다. 1990년대 초반까지만 해도 미국과
일본에 거의 의존하던 우리 경제가 이제는 중국에게 훨씬 더 많
이 기대게 됐다. 그렇다고 해서 한미동맹이 필요 없게 됐다는
것은 아니다. 이 장의 첫 부분에서도 살펴본 것처럼 한미동맹은
중요하다. 문제는 이 동맹 못지않게 중국 등 동북아 다른 나라
들이 함께 참여하는 다자협력도 중요한 시대가 되었다는 것이
다. 따라서 동맹과 다자협력을 조화롭게 운용해나가는 외교 전
략이 필요하다. 요컨대 균형외교를 해야 한다.

노무현정부는 균형적 실용외교라는 기치 아래 균형외교를 추
구했다. 당시 노무현정부는 자신이 추구하는 균형외교를 " '가

치와 국익' '동맹과 다자협력' '세계화와 국가정체성' '국가(우리)와 국가(대상국)' 간의 균형과 조화를 이루는 것"으로 규정했다.(『평화번영과 국가안보』, 국가안전보장회의, 2004, 26쪽) 이러한 규정을 한국외교 현실에 대입하면 한미동맹과 한중협력을 비롯한 다른 관계를 균형있게 발전시키며, 한반도를 중심으로 한 국제관계에서 국가 간 갈등을 해소하고 이익을 조율하는 데 우리가 능동적으로 앞장선다는 것이다. 오랜 기간 동북아에서 중·일·러 등의 패권적 충돌 속에서 희생되어온 우리 민족의 역사를 돌이켜 보고 우리나라의 국력 성장, 한미동맹의 건강한 발전, 중국의 성장과 한중 경제관계의 비약적인 증대라는 현실을 직시할 때, 균형외교는 미룰 수 없는 시대적 과제라고 할 수 있다. 그동안 한미동맹을 일방적으로 강조했던 현재 집권여당조차 2012년 1월에 새로운 정강·정책에서 "한반도의 안정과 국익 실현을 위한 평화지향적인 균형외교를 추구한다"고 천명했을 정도로 이제 균형외교는 한국외교가 실현해야 할 당면과제로 떠올랐다.

바로 이 균형외교에 바탕을 두고 노무현 대통령은 2005년 초 일련의 연설에서 우리나라가 동북아시아의 '균형자' 역할을 해나가야 한다는 의지를 밝혔다. 그는 이를 지금 당장 실현해야 할 구체적인 당면 정책으로 제시한 것이 아니라 앞으로 추구해야 할 전략적 방향과 비전으로서 제시했다. 그는 우리의 국가 능력과 변화한 정세에 맞게 동북아에서 절실히 필요한 평화와 공동번영을 위해 대한민국이 균형자 역할을 해나가야 한다고 생각했다. 물론 미·중·일·러의 강대국 틈에서 상대적 약소국인 대한민국이 모든 면에서 균형자가 될 수 있는 것은 아니다. 다만 우리의 생존 터전이자 동북아의 지리적·전략적 중심인 한반도에서 발생하는 문제들에 대해서는 능력이 닿는 한 당사국들 간의 이해충돌과 갈등을 조정하여 평화와 협력의 길을 개척하는데 적극 나서야 한다는 것이다.

동북아의 교차지점에 위치해서 역사적으로 끊임없이 외세의 침략을 받아온 우리나라로서는 비록 역량이 다소 부족해도 한반도 문제에서 균형적 역할을 하겠다는 열망을 품는 것은 자연스러운 일이다. 더욱이 타국을 침범한 적이 없는 한국이기에 다른 나라들보다 동북아에서 평화를 말할 수 있는 역사적, 도덕적 정당성도 갖추고 있다. 따라서 이러한 여건들을 살려서 우리의 능력 범위 내에서 사안에 따라 때로는 한·중·일, 남·북·러, 한·미·중·일 사이에서 혹은 6자회담에서 곧게 중심을 잡고 균형점을 찾으려 노력하자는 것이다.

사실 한국은 이미 일부 외교 분야에서 동북아 균형자 역할을 수행한 바 있다. 예를 들면, 2005년 9월 북핵문제를 풀기 위해 베이징에서 진행된 6자회담에서 9·19공동성명을 발표한 일이 그렇다. 이때 한국의 균형자적 역할이 두드러졌다. 9·19공동성명은 북한이 핵을 포기하는 대신에 미국, 남한, 중국, 일본, 러시아 등 6자회담에 참가하고 있는 나머지 나라들이 북한이 우려하는 체제안전을 보장하고 북한이 핵무기원료의 원천이 되는 흑연감속로 원자력 발전을 포기하는 대신에 경제적 보상을 약속한 역사적인 합의문이었다. 9·19공동성명을 만드는 과정에서 북핵문제의 핵심 당사자인 북한과 미국이 모두 약간씩 내용에 대해 불만을 표현했다. 그러자 한국정부는 베이징 6자회담 현장에서 중국 측과 협력하여 북한과 미국 측을 설득했고, 같은 시기에 남북장관급회담을 위해 평양을 방문중이던 통일부 장관을 통해 북한에 합의문 수용의 결단을 촉구했다. 또한 미국을 방문중이던 외교부통상부 장관은 미국 측이 합의문을 수용하도록 설득하기 위해 미 국무부 장관과 무려 일곱 차례에 걸친 면담과 전화 협의를 가졌다. 이런 한국정부의 중재 노력에 힘입어 한반도 역사상 최초의 다자간 합의문서인 9·19공동성명이 탄생했다.

그러나 동북아 균형자론은 당시 대다수 언론과 지식인들로부터 '반미' 혹은 '허장성세'라는 식으로 많은 비판을 받았다. 특히 보수적인 사람들로부터 "한국외교안보의 제1축이 한미동맹인데, 이를 파기하겠다는 것인가?" "한국이 무슨 능력이 있어서 미국과 중국 간에 균형자가 된단 말인가"등 격렬한 비판이 쏟아졌다. 어떤 이들은 고전적인 세력균형이론까지 거론하며 문제를 제기했다. 결국 노무현정부에서 제기된 동북아 균형자론은 비판여론에 밀려 국가의 전략적 담론으로 발전하지는 못했다.

그러나 노무현 대통령이 동북아 균형자론을 제시한 것은 국가의 생존과 발전을 위해 선구적으로 문제제기를 하기 위해서였다. 이제 이 구상이 제창된 지 7년이 흘렀다. 지금은 미국과 중국 양쪽과 다 함께 잘 지내는 것이 대한민국의 국익인 시대다. 이제는 한국외교가 일방적인 동맹 중심이 아니라 다자협력의 질서를 추구하는 방향으로 균형 있게 발전해야 한다는 주장이 대세가 되어가고 있다. 우리는 동북아에서 최소한 한미동맹과 한중협력을 균형적으로 사고하며 평화 공영의 협력 구조를 만드는 일이 더 이상 이데올로기의 문제가 아니라 생존의 문제가 된 시대를 살고 있다.

이제는 동북아 균형자론을 한국 외교의 중요한 전략 방향으로 삼을 때가 왔다. 우리의 능력이 닿는 범위 안에서 사안에 따라 범위와 수준을 달리 하며 한반도를 중심으로 벌어지는 문제들에 대해서 균형자 역할을 추구해야 한다. 일부에서 이러한 균형자적 발상이 한미 동맹을 훼손시킨다고 주장한다. 동북아 균형자론에 대한 "동맹이냐? 아니면 탈동맹이냐?"식의 이분법적 인식이다. 한국정부가 한반도에서 평화와 협력의 길을 모색하기 위해서 균형을 추구하는 것을 한미동맹과 배치된다고 보는 것은 한미동맹을 냉전시대의 배타적 동맹으로 묶어 놓는 그릇된 인식이다. 미중관계가 적대와 갈등에서 협력과 경쟁으로 바뀌었으며, 동북아에서 한·미·중·일이 서로 얽혀서 국익 증진을 위해 미묘하게 경쟁하고 협력하는 상황에서 한국이 한반도

문제에서 균형점을 찾으려하는 것은 당연하다. 한미동맹과 동북아 균형자론이 한반도 평화와 안정이라는 정세를 만들기 위해 각각 고유의 역할을 하면 되는 것이다.

| 1945년 | 8월 15일 | 해방 |
| | 12월 16일 | 모스크바 3상회의 개최 |

| 1946년 | 3월 20일 | 제1차 미소공동위원회 개최 |

1948년	4월	남북협상
	4월 19일	남북 제정당 사회단체 대표자 연석회의 개최
	7월 24일	이승만 대통령 취임(초대~3대 대통령)
	8월 15일	대한민국정부 수립 선포식
	9월 9일	조선민주주의인민공화국 선포
	10월	여순사건 발발

1950년	6월 25일	한국전쟁 발발
	6월 28일	인민군 서울 점령
	9월 15일	유엔군 인천상륙작전
	10월 19일	평양 함락, 중국인민지원군 참전

| 1951년 | 1월 4일 | 1·4 후퇴 |
| | 7월 10일 | 정전회담 개시(개성) |

1953년	6월 18일	이승만, 반공포로 석방 발표
	7월 27일	휴전협정 정식 조인
	10월 1일	한미상호방위조약 조인

| 1955년 | 5월 25일 | 재일본 조선인총연합회(총련) 결성 |

| 1959년 | 12월 16일 | 재일교포 첫번째 북송선 청진항 입항(975명) |

| 1960년 | 4월 19일 | 4월혁명 |
| | 4월26일 | 이승만 대통령 하야 |

1961년	5월 16일	5·16군사쿠데타
	7월 3일	반공법 공포
	7월 6일	조·소 우호협조 및 호상원조에 관한 조약 체결
	7월 11일	조·중 우호협조 및 호상원조에 관한 조약 체결

| 1963년 | 12월 17일 | 박정희 대통령 취임(제5~9대) |

| 1964년 | 8월 14일 | 인혁당 사건 |
| | 9월 | 베트남 파병 개시 |

| 1965년 | 6월 22일 | 한일협정 체결 |

1968년	1월 21일	북한 무장특공대 청와대 기습
	1월 23일	푸에블로호 납치 사건
	8월 24일	통혁당 사건
	11월 3일	울진·삼척 지역 무장공비 침투
1969년	7월 25일	닉슨 독트린 발표
1971년	9월 20일	이산가족찾기 남북적십자 회담
	12월 6일	국가비상사태 선포
1972년	7월 4일	7·4남북공동성명 발표,
		자주·평화·민족대단결의 조국통일 3대 원칙 제시
	10월 17일	비상계엄령 선포
	12월 27일	유신체제 출범
1973년	6월 23일	김일성, 조국통일 5대 방침 발표,
		고려연방공화국 제안
	6월 23일	박정희 대통령 6·23평화통일선언
1974년	2월	김정일 당중앙위원회 정치위원 피선,
		후계자로 공인(제5기 8차 전원회의)
	11월	휴전선 땅굴 발견
1976년	8월 18일	판문점 '도끼만행사건' 발생
1979년	10월 26일	박정희 대통령 사망
1980년	9월 1일	전두환 대통령 취임(제11~12대)
	10월 10일	김일성, 고려민주연방공화국 통일방안 제시
1983년	10월 9일	미얀마 아웅산 테러 사건 발생
1985년	12월 12일	북한 핵확산금지조약(NPT) 가입
1988년	2월 25일	노태우 대통령 취임(제13대)
1989년	2월 8일	남북고위급회담 제1차 예비회담
	9월 11일	노태우 대통령 한민족공동체통일방안 발표
1990년	9월 4~7일	제1차 남북고위급회담 본회담
	9월 28일	조선노동당과 일본 자민당·사회당, 북일 3당 공동선언
		채택

1991년	9월 17일	남북한 유엔 동시가입
	12월 11일	남북 기본합의서 채택
		(~12. 13 제5차 남북고위급회담)

1992년	1월 20일	한반도 비핵화 공동선언
	7월 19일	김달현 정무원 부총리 서울 방문,
		남한 기업의 북한 투자 촉구(~7. 25)
	8월 24일	한중 국교 수교

1993년	1월	빌 클린턴 미 대통령 취임
	2월 25일	김영삼 대통령 취임(제14대)
	3월 12일	북한 핵확산금지조약(NPT) 탈퇴
	4월 9일	김정일 국방위원장으로 취임

1994년	6월 13일	북한 국제원자력기구(IAEA) 탈퇴 선언
	6월 17일	김일성과 지미 카터 전 미 대통령 회담(평양)
	7월 8일	김일성 주석 사망
	10월 21일	북미간 제네바 기본합의문 채택

| 1995년 | 3월 9일 | 한반도에너지개발기구(KEDO) 설립 |
| | 12월 15일 | 북한과 KEDO 간 경수로 공급협정 체결 |

| 1996년 | 9월 18일 | 강릉 잠수함 침투사건 발생 |

| 1997년 | 10월 8일 | 김정일 조선노동당 총비서 추대 |
| | 12월 | 4자회담 본 회담 6차례 개최(~1999. 8) |

1998년	2월 25일	김대중 대통령 취임(제15대),
		햇볕정책 선포
	4월 30일	남북경협 활성화조치 발표
	6월 16일	정주영 회장 '소떼 방북'
	8월 31일	장거리 미사일 '대포동 1호' 발사
		(북한 '인공위성 광명성 1호'라 주장)
	9월 5일	김정일정권 공식 출범
	11월 18일	금강산 관광 유람선 금강호 첫 출항

| 1999년 | 6월 15일 | 서해 연평해전 |

2000년	**3월 9일**	김대중 대통령 베를린선언
	6월 13일	남북정상회담, 6·15공동선언 발표(~6. 15)
	6월 27일~30일	제1차 남북적십자회담
	7월 29일~31일	제1차 남북장관급회담
	8월 15일	제1차 이산가족방문단 교환(~8. 18 서울, 평양)
	9월 25~26일	제1차 남북국방장관회담
	10월 10일	조명록 국방위원회 제1부위원장 미국 방문.
		클린턴 대통령 면담
	10월 12일	북미 공동코뮤니케 발표
	10월 23일	올브라이트 미 국무장관 방북(~10. 25)
		김정일 국방위원장 면담
	12월 27일~30일	남북경제협력추진위원회 제1차 회의
2001년	**1월**	조지 부시 미 대통령 취임
2002년	**4월 3일~5일**	임동원 대통령특사 방북 김정일 면담
	6월 29일	서해 제2연평해전
	9월 17일	고이즈미 일본 총리 방북, 정상회담 후 평양선언 체결
	9월 18일	경의선·동해선 철도·도로 연결 착공식
	10월 3일	제임스 켈리 미 특사 방북,
		"북한이 우라늄 농축 시인" 주장(~10. 5)
2003년	**1월 10일**	북한 NPT 재탈퇴 선언
	2월 14~16일	동해선 임시도로 개통 및
		금강산 시범 육로관광 실시
	2월 25일	노무현 대통령 취임(제16대), 평화번영정책 선포
	6월 14일	남북철도 연결
	6월 30일	개성공단 착공
	8월 27일	제1차 6자 회담 개최(~8. 29 베이징)
2004년	**4월 22일**	북한, 평북 용천역에서 대규모 폭발사고 발생
	5월 26일	제1차 남북장성급군사회담 개최.
		서해상 우발적 무력충돌 방지를 위한 구체적 방안 논의
	6월 3~4일	제2차 남북장성급회담. 서해해상에서 우발적 충돌 방지와 군사분계선 지역에서의 선전활동 중지 및 선전수단 제거에 관한 합의서 체결
2005년	**2월 10일**	북한 핵 보유 공식발표 및 6자회담 무기한 중단 선언
	6월 17일	정동영 통일부장관 대통령특사로 김정일 면담
	7월 12일	정부 북핵문제 해결을 위한 중대제안 발표
	8월 14일	8·15 행사 북측 대표단(단장 김기남 조선노동당 비서) 국립 현충원 참배
	8월 17일	김기남 노동당 비서 등 북측 대표단 노무현 대통령 면담
	8월 31일	금강산 이산가족면회소 착공
	9월 13일	제4차 6자회담 '9·19공동성명' 채택 (~9. 19)

2006년	5월 16일	한-아세안 FTA 최종타결, 개성공단 생산 100개 품목 한국산으로 인정
	5월 31일	KEDO, 대북 경수로 사업 공식종결 선포
	7월 5일	북한 '대포동 2호' 미사일 발사
	10월 9일	북한 핵실험
	10월 14일	유엔 안보리 대북결의안 1718호 채택
2007년	2월 13일	6자회담에서 '2·13 합의문' 채택
	5월 13일	남북철도연결구간 열차시험운행과 관련한 합의서 체결
	10월 2일	제2차 남북 정상회담(~10. 4)
	10월 3일	'남북관계 발전과 평화번영을 위한 선언'(10·4남북정상 선언) 채택 6자회담에서 '10·3합의' 채택(베이징)
2008년	2월 25일	이명박 대통령 취임(제17대)
	6월 27일	북한 영변 원자로 냉각탑 폭파
	7월 11일	금강산 관광객 박왕자 피격 사건
2009년	1월 21일	버락 오바마 미 대통령 취임
	4월 5일	북한 '광명성 2호' 로켓 발사
	4월 13일	유엔 안보리, 북한 장거리로켓 발사 규탄 의장성명 채택
	5월 25일	북한 2차 핵실험
	6월 12일	유엔 안보리, 대북한 제재결의 1874호 채택
	10월 4일	원자바오 총리 방북, 경제기술, 경제원조, 교육, 소프트 웨어 산업, 관광 등 여러 분야에서 협정체결
	11월 10일	서해 대청해전 발생
2010년	3월 26일	천안함 침몰
	5월 24일	남한의 대북경협 중단 '5·24조치'
	9월 27일	김정은 인민군 대장 칭호 받음
	9월 30일	김정은 당중앙군사위원회 부위원장과 당중앙위원회 위 원으로 선임(제3차 조선노동당 대표자회)
	10월 8일	미 과학국제안보연구소(ISIS), 북한 '고농축우라늄개발' 실험실 단계 넘었다고 주장
	11월 23일	연평도 포격 사건
2011년	6월 8~9일	북한-중국 공동개발 '황금평경제구' 및 '나선경제무역 구' 착공식
	12월 17일	김정일 위원장 사망
	12월 30일	김정은 조선인민군 최고사령관으로 추대
2012년	4월 13일	'광명성 3호' 로켓 발사
	4월 17일	유엔 안보리 북한의 장거리 로켓 발사 규탄하는 의장 성명 채택